Weihnachten 1994

Arnulf Zitelmann
»Kleiner-Weg«

Lieber Michael,
wir wünschen Dir
viel Freude beim
Lesen dieses Buches!!
Alles Liebe für's
nächste Jahr!
Conni und Roland

Arnulf Zitelmann

»*Kleiner-Weg*«

Abenteuer-Roman
aus der Frühzeit

Mit Nachwort des Autors
Bilder von Willi Glasauer

BELTZ
& Gelberg

Arnulf Zitelmann, geboren 1929, studierte Philosophie und Theologie, lebt als Religionslehrer bei Darmstadt.

Im Programm Beltz & Gelberg erschienen bisher folgende Bücher von ihm:
»Kleiner-Weg«. Abenteuer-Roman aus der Frühzeit
Zwölf Steine für Judäa. Abenteuer-Roman aus dem Jüdisch-Römischen Krieg
Unter Gauklern. Abenteuer-Roman aus dem Mittelalter
Nach dem Großen Glitch. Abenteuer-Roman aus der Zukunft
Der Turmbau zu Kullab. Abenteuer-Roman aus biblischer Zeit
Jenseits von Aran. Abenteuer-Roman aus Altirland
Bis zum 13. Mond. Eine Geschichte aus der Eiszeit
Hypatia. Eine Geschichte aus dem frühchristlichen Alexandrien
(Auswahlliste Deutscher Jugendliteraturpreis)
Paule Pizolka oder Eine Flucht durch Deutschland. Roman
»Widerrufen kann ich nicht«. Die Lebensgeschichte des Martin Luther
»Keiner dreht mich um«. Die Lebensgeschichte des Martin Luther King
(Auswahlliste Deutscher Jugendliteraturpreis)
»Ich will donnern über sie!«. Die Lebensgeschichte des Thomas Müntzer

»Kinderbibliothek«

Programm Beltz & Gelberg, Weinheim

Einband- und Reihengestaltung von Wolfgang Rudelius
Fotoillustration nach einem Foto von Gertrude Blohm
Gesamtherstellung Druckhaus Beltz, 6944 Hemsbach
Printed in Germany
ISBN 3 407 79510 6

Die Nachtberge

Kleiner-Weg stand in den Ästen eines Gelbfruchtbaums und begann, sein Schlafnest zu richten. Durch die Blätter konnte er den Himmelsrand über den Nachtbergen sehen. Er hatte einen guten Schlafplatz gefunden. Kleiner-Weg pflückte noch ein paar Früchte, steckte sie in den Mund, spuckte die Steinkerne aus und schaute unter sich. Fasane scharrten in der Nähe, weiter weg weideten Zebras, Antilopen, und zwischen ihnen trabten Paviane. Paviane sind wachsam, hatte Jo, der Jäger gesagt. Wo die laufen, kann keine Großpfotenkatze* unbemerkt angeschlichen kommen.
Kleiner-Weg machte sich wieder an die Arbeit. Von den Seiten des flachstehenden Geästs zog er Laubzweige über die breite Astspreize. Er hielt einen federnden Ast mit dem Fuß fest, steckte die biegsamen Reiser ineinander und verflocht sie, bis das Astwerk sicher zusammenhielt. Sein Schlafnest war fertig. Jetzt konnte die Sonne zu den Nachtbergen gehen. Er zog zuletzt noch einen starken, verzweigten Laubast zu sich her und kerbte ihn in der Beugung mit dem Fauststein, bis das gekrümmte Holz nicht mehr fortsprang.
Dann kuschelte sich Kleiner-Weg tief in das Baumnest. Er freute sich darauf, morgen wieder bei Ma zu sein. Er

* Fremdartig klingende, unbekannte Ausdrücke werden im Nachwort erklärt. Das Nachwort gibt auch Auskunft über gewisse zeitliche und andere Zusammenhänge.

würde sich zu Hutse, dem krüppligen Werkzeugmacher, hocken und zuschauen, wie der Alte Fellschaber zuschlug. Und Graubart, nach Geiermann der Ranghöchste unter den Geierleuten, würde ihn fragen, wo er herumgestreift sei. Noch ehe die Morgenschatten klein wurden, würde er zurück bei dem Höhlennest am Bach gegenüber von den Nachtbergen sein.

Er würde erzählen, vor allem von dem großen Wasser. Ganz hinten, wo das Grasland mit dem Himmelsrand zusammenwächst, war er auf einen See gestoßen. Es wimmelte darin von Fischen! So große gab es im Felsbach an der Höhle nicht. Ein anderer Menschenklan mußte dort hinten am Wasser wohnen. Kleiner-Weg hatte sie gesehen. Die Fremden hatten Knochendolche, Speere und Steinwaffen bei sich. Sie hatten den Mädchen und Jungen zugeschaut, die in den See gewatet waren, um dicht nebeneinander durchs Wasser gehend einen Fischschwarm zum Strand zu treiben. Sie hatten unter sich gegriffen und die um sich schlagenden Fische ans Ufer geworfen. Zwei Frauen hatten den zappelnden Fang in große Flechtkörbe gesammelt. Ganz deutlich hatte er ihre Stimmen hören können, sogar das Weinen eines Kindes im Tragfell seiner Mutter. Kleiner-Weg hatte erst wieder aufatmen können, als die Fremden über den Strand verschwunden waren.

Kleiner-Weg merkte, daß ihn ein knorziger Ast drückte. Er kniete auf, kletterte nochmals in den Baum, streifte Laub von den Zweigen und warf es in die Laubschütte. Er stand noch oben im Geäst, als er ein drohendes

Geräusch in der Ferne hörte. Erst klang es wie das Poltern einer Nashornherde, die aus dem Grasland herangaloppiert. Aber dann sah er es: Über den Nachtbergen quoll ein riesiger tiefschwarzer Rauchpilz auf, Blitze zuckten, und bald darauf stampfte Donner über das Grasland. Kleiner-Weg sprang hinunter ins Schlafnest. Seine Haare sträubten sich. Er hielt sich die Ohren zu und starrte entsetzt zu den Nachtbergen hinüber. Er sah, wie sich der schwarze Rauchpilz über den Bergen immer weiter ausbreitete, den Rand der untergehenden Sonne berührte und schließlich ihr Gesicht verschluckte.

Antilopen und Zebras stoben auseinander. Paviane schnellten Heretse-heretse schreiend in die Bäume. Eine Pavianmutter mit ihrem Baby unterm Bauch prellte ihn im Sprung so hart, daß Kleiner-Weg aus seinem Baumnest herausgestoßen wurde. Dunkelheit fiel über das Grasland. Dann fuhr die erste heiße Bö dem Jungen mitten ins Gesicht.

Kleiner-Weg hangelte sich hastig über die unter den Windstößen ächzenden Äste zur Mitte des Baumes. Er rutschte beinahe im Fall den rissigen Stamm hinunter. Unten duckte er sich auf den Boden. Kochender Regen sprühte über die Steppe. Er sprang auf und sah noch, wie der größte Nachtberg oben sein Maul aufriß. Wie helles Blut lief es daraus hervor, floß und kroch über den Berghang in die Tiefe.

Da rannte der Junge los. Er schrie, ohne daß er selbst es hörte: Geiermann! Ma!

Seine Beine fanden von selbst den Weg. Unter dem Feuerschein der Nachtberge, der gelbrot die schwarze Riesenwolke von unten anstrahlte, hetzten Antilopen den Wildpfad entlang. Ein winziges Dikdik verfing sich zwischen den Beinen des Jungen, sprang mit einem hohen Satz ins seitliche Gras. Als der Berg einen Augenblick schwieg, hörte Kleiner-Weg in der Nähe das hohe Angsttrompeten flüchtender Elefanten.
Kleiner-Weg japste. Die Zunge klebte ihm am Gaumen. Seine Haut brannte. Aber er rannte, stolperte, lief, ohne anzuhalten neben und zwischen den Leibern fliehender Tiere, dauernd in Gefahr, erdrückt, zu Boden geschleudert und niedergetreten zu werden. Er geriet in eine Büffelherde, wurde herausgestoßen, schrie, als etwas Spitzes die Haut über seinen Rippen unter der rechten Achsel aufriß.
Er prallte gegen einen Akazienbaum, drückte den Rücken an den Stamm und betastete mit der Hand seine schmerzende Seite. Als er sie zurückzog, waren seine Finger klebrig und feucht.
Kleiner-Weg blieb, bis er wieder atmen konnte. Mehr und mehr Hufe flüchtender Herden prasselten über das Grasland. Im rötlichen Schein der Wolken sah er die massigen Schatten der Warzenschweine. Ein Schwarm von Kranichen flog dicht über dem Boden unter dem heißen, aschigen Regen. Immer wieder platzte der Himmel im stampfenden Donner. Die Luft zitterte von den kreischenden, schmetternden Tierrufen. Die Ohren des Jungen nahmen jetzt kaum noch ein einzelnes

Geräusch wahr. Sie waren betäubt von dem anhaltenden Bersten, Krachen und Dröhnen in der Luft.
Da rüttelte und ruckte der Boden wieder, als wolle die Erde unter ihm fortspringen. Kleiner-Weg stürzte. Schnell rappelte er sich wieder auf und klammerte sich an den Baum an seiner Seite. War er richtig gelaufen? Wo lag der Felshang, wo das Höhlennest? Er mußte die Nachtberge weiter zur linken Hand behalten. Kleiner-Weg rannte weiter, mit dem einzigen Gedanken: zu Ma ins Nest der Geierleute finden. In seinem Mund war aschiger Geschmack. Er lief und stieß beim Laufen kleine heulende Wehlaute hervor.
Die Zahl der flüchtenden Tiere hatte sich inzwischen verringert. Kleiner-Weg konnte jetzt freier laufen, er kam schneller voran. Nur noch einzelne Tiere überholten ihn. Er kam an einer Elefantenkuh vorbei, die ihr niedergestürztes Junges zum Aufstehen bewegen wollte und weinend trompetete.
Wie lange er schon gerannt war, wußte er bald nicht mehr. Er kam erst wieder zu sich, als er sich schmerzhaft die Zehen stieß und plötzlich Wasser an den Füßen spürte. Er war in einen Bach geraten. Kleiner-Weg warf sich der Länge nach ins Wasser. Brennend stach ihm jetzt die Wunde an seiner Seite. Aber er achtete nicht darauf. Erschöpft blieb er in dem flachen Bachlauf liegen. Dann stützte er sich auf und trank. Das Wasser war lau und schmeckte säuerlich. Er spülte den ausgedörrten Mund, richtete sich auf und sah sich um. Da entdeckte er die Felswand! Sie leuchtete im rötlichen

Schein der Wolken, und er konnte oben die dunkle Öffnung im Fels, das Nest der Geierleute, deutlich erkennen.
Kleiner-Weg sprang wieder auf die Füße, kletterte aus dem Bachbett, lief den Sammlerpfad entlang und stieß mit Jo, dem Jäger, zusammen.
Jo! schluchzte er, gut daß du da bist! Wo sind die anderen?
Der Jäger hatte den Mund voll mit frischem Fleisch, schluckte, würgte, riß mit den Zähnen daran und deutete mit dem Kopf nach oben. Er legte den freien Arm um den keuchenden Jungen, knurrte begütigende Laute, stützte und trug ihn halb, bis sie an dem schmalen Kletterpfad waren, der steil über die Wand ins Höhlennest der Geierleute führte.
Sie alle standen, hockten, drängten sich auf dem engen Steinsims vor dem Höhlenmund zusammen. Die Angst des Jungen war verflogen. Er rief laut, sobald er ihre Gestalten in der rötlichen Dunkelheit unterschied.
Ma stand auf. Mit ein paar Sprüngen war Kleiner-Weg bei ihr. Ma! rief er unter Tränen und preßte sich an sie.
Ma trug ihr kleinstes Kind im Tragbeutel auf ihrem Rücken. Sie faßte den Kopf des Jungen, zog ihn zwischen ihre tiefen Brüste und fuhr ihm mit der Hand übers Haar.
Kleiner-Weg, sagte sie, wo kommst du her?
Ich war im Grasland, stammelte der Junge. Ich bin mit den Tieren gerannt, bis ich Jo unten am Bach traf. Ich bin so müde, ich kann nicht mehr!

Die Nachtberge haben das Gesicht der Sonne gefressen, sagte Ma. Wir alle haben es mitangesehen! Und Geiermann hat mit dem Mund der Ältesten und Ahnen zu uns gesprochen.
Was haben sie gesagt? flüsterte Kleiner-Weg und schaute zu Geiermann hinüber.
Der hatte das Kommen von Jo und dem Jungen kaum beachtet. Er schaute mit vorgestrecktem Kopf lauschend hinüber zu den blutroten Nachtbergen.
Kleiner-Weg schreckte auf, als ein Kind ihn an die wehe Seite stieß. Er faßte mit der Hand an die Stelle, wo der Schmerz saß. Die Haut war klebrig vom Blut.
Zeig doch, sagte Ma und bückte sich.
Kleiner-Weg berührte zärtlich das kleine Schwesterchen, das auf Mas Rücken schlief und mit dem Köpfchen seinen Oberarm streifte, als Ma sich zu seiner Wunde unter der Achsel beugte. Warte, Kleiner-Weg, sagte sie. Sie lief in die dunkle Höhle hinein und kam mit getrockneten Kräutern zurück. Ma zerrieb die Blätter zwischen ihren Handflächen und verstrich das Pulver behutsam im Wundriß.
Da wurde es mit einem Knall unter den schweren, schwarzen Qualmwolken grellrot. Aus der Nase des schwarzen Berges stieg ein Feuerbaum, neue Glutbäche liefen ihm aus dem offenen Rachen, stürzten über die bräunlich verkrustete Glut am Berghang nieder, und jetzt flammten die Wälder in den Tälern der Nachtberge auf.
Die Geierleute sahen, wie schnell sich das Feuer weiter

in die Tiefe, hinunter ins Grasland fraß. In den Qualmknäulen über dem Feuerbaum zuckte es auf, wieder warf Donner seine Stimme gegen die Felswand, spitze Feuerzungen schlugen von einem Himmelsrand bis an den andern und erleuchteten die Wolken mit blendendem Licht.

Wir müssen fort! rief Geiermann mit entschlossener Stimme. Die Nachtberge haben unsere Sonne gefressen.

Ja, seht! rief eine Frau, und wie die Sonne mit dem Berg kämpft, sie reißt ihn auseinander! Er spuckt sie wieder aus!

Die Geierleute drängten sich noch enger aneinander. Sie suchten Schutz in der Gruppe und bei den Worten des Alten.

Schon einmal war es so in den Zeiten der Ahnen, sagte Graubart. Wir sehen unsere Sonne nicht wieder! Nacht, Finsternis und Dunkelheit werden über dem Grasland sein. Wir können den Geiern nicht mehr zur Beute folgen. Unsere Kinder werden hungern müssen. Fort von hier, hört, wir müssen uns eine neue Sonne in einem anderen Grasland suchen!

Geiermann stieß einen haßerfüllten Schrei aus, drohte mit der Steinaxt gegen den flammenden Berg und stampfte mit den Füßen: Los, schrie er, wir müssen weg, ehe ringsum das Grasland brennt!

Die Geierleute drängten den Felsweg hinab zum Tal. Ein Wind hatte sich erhoben und trug einen stechenden, fauligen Gestank gegen die Felswand. Die Augen fingen an zu tränen. Ein Kleinkind wimmerte. Kleiner-Weg

blieb dicht hinter den Fersen von Ma, bis alle das Bachbett erreicht hatten.
Sie sammelten sich, die Mütter preßten die Brustkinder an sich, die Jäger hoben die kleinsten Laufkinder auf ihre Schultern. Sie überquerten den Bachlauf. Kleiner-Weg hatte keine Angst mehr, seit er wieder bei seinen Leuten war. Aber sein Kopf war immer noch betäubt, und er mußte sich zwingen, mit Ma, Jo und den übrigen mitzutraben, einen Fuß vor den anderen zu setzen, so elend fühlte er sich.
Der Wind drehte nach einiger Zeit. Die heiße Luft stach in den Lungen, würgte im Hals. Da sahen sie hinten im Grasland den Flammenrand. Das Feuertier kam ihnen jetzt entgegen! Verwirrt, ratlos blieben die Geierleute stehen. Bislang waren sie dem Weg der flüchtenden Tiere gefolgt. Und jetzt drängten die Herden geradewegs wieder auf sie zu. Sie hörten die Rufe der Elefanten, das Stampfen von Hufen, das Brüllen der bärtigen Büffel, die rasend vor Verzweiflung auf sie zustürmten.
Umkehren! Zurück! Wir müssen zurück zum Bach! rief Geiermann.
Doch da wurden sie bereits durch eine wogende Herde von Gnus auseinandergerissen, die, den brennenden Berg vor sich, die flammende Steppe hinter sich, zwischen sie stob und alle überrannte.
Ma! Ma! schrie Kleiner-Weg, Mama! Er wurde zur Seite geschleudert, faßte im Fall um sich und erwischte ein Horn, einen Kopf über sich, kam wieder auf die Beine,

wurde weiter mit fortgerissen, gerempelt, gequetscht, rannte sich wieder frei und stürzte, abermals von einer schweren Flanke gestreift, plötzlich ins Leere.

Er fiel, fiel, griff verzweifelt um sich, fand nirgends Halt, spürte, wie ihn im Flug etwas Massiges traf, und prallte dann auf etwas Weiches, Lebendiges am Boden unter sich. Er überschlug sich, japste nach Luft und landete schwer auf hartem Untergrund.

Kleiner-Weg kam noch für einen Augenblick wieder zu sich, stützte seine Handflächen auf, versuchte auf die Beine zu kommen, knickte ein, kroch auf den Knien weiter und brach ächzend zusammen. Er rührte sich nicht mehr.

Mond, die Älteste Schwester

Kleiner-Weg erwachte erst am nächsten Morgen. Er schaute benommen um sich. Was war geschehen? Wo war er? Er befand sich inmitten von frisch gebrochenem, gelbem Felsgestein. Doch er wußte nicht, wie er hierher gekommen war. Kleiner-Weg schloß die Augen und spürte jetzt seinen zerschundenen Körper. Es war, als hätten sich all seine Gelenke voneinander getrennt. Nur zögernd kehrte seine Seele zu ihm zurück. Erneut schlug er die Augen auf. Hoch über sich sah er ein schmales Stück schmutzigbraunen Himmels. Felsstücke stiegen zu beiden Seiten überhängend steil und sehr hoch empor.
Kleiner-Weg rappelte sich langsam auf. Es schwindelte ihm. Er mußte sich auf ein Steinstück stützen, das spitz neben ihm aus der Felswand sprang. So weit er schauen konnte, war vom Himmel nur dieses dünne Band zwischen zwei hohen Felsbacken zu erkennen. Kleiner-Weg hatte das Gefühl, daß sie ihn im nächsten Augenblick erdrücken könnten. Er war allein.
Ejeh! schrie der Junge vor Furcht. Und seine Stimme kam als vielfältiges Echo zu ihm zurück. Kleiner-Weg blieb wie erstarrt an der Felswand stehen. Nichts geschah. Unbeweglich hingen die beiden Wände über ihm. Er ließ seinen Halt los und schaute die tief eingerissene Felsspalte entlang.
Ein paar Schritt entfernt lag, den Kopf nach hinten

gedreht, mit zerknickten Beinen, der Körper eines schweren Gnus. Der Junge tat vorsichtig einen Schritt auf das Tier zu. Das Gnu mußte seine Füße in dem rutschenden Geröll gehört haben. Es hob seinen Nacken und versuchte vergeblich, sich auf seine Hufe zu stellen. Dann sackte es wieder zusammen. Nur seine Augen standen weit offen und schauten den Jungen flach und reglos an.

Plötzlich wußte Kleiner-Weg wieder, was in der vergangenen Nacht passiert war. Er schaute hinauf zu dem hohen Felsrand, erlebte noch einmal, wie sein Magen sich im freien Fall zusammenkrampfte, seine Hände nach Halt suchten, und er spürte wieder den Aufprall auf etwas Weiches unter sich in der Dunkelheit. Er war auf die Flanken des fallenden Gnus gestürzt, das jetzt mit zerbrochenen Gliedern und zerstoßenem Gehörn hier vor ihm lag.

Mit hängenden Armen blieb Kleiner-Weg stehen. Die trüben, großen Tieraugen waren unverwandt auf ihn gerichtet. Irgend etwas regte sich in dem Jungen, drang mit diesem hilflosen Blick der Gnuaugen in ihn und zog ihm quälend im Hals. Schließlich hob er die Füße, stolperte in einem Bogen um das Tier und ließ das im Tod gefangene Gnu hinter sich. Er stakte und rutschte über das scharfe Gestein die engen Wände der Bruchspalte entlang.

Jetzt erst bemerkte er, wie sterbensstill es hier unten war. Die Welt schien gestorben. Nur sehr weit weg hörte er ein entferntes Rumpeln und Grollen. Aber sonst umgab ihn nur ein beklemmendes Schweigen. Kleiner-Weg strengte sein Gehör an. Er legte den Kopf schräg und lauschte empor. Wenigstens einen Vogelruf müßte er doch hören können! Vielleicht das laut flötende Hu-ku der Schwarzstirnvögel, die im Blattwerk der Schimpansenbäume an den Bachrändern nisten. Doch alles blieb lautlos. So weit er sehen konnte, gab es nur Stein. Kein Grasbüschel stand im Stein, kein Strauch. Weit in der Höhe über dem schartigen Felsrand erblickte er den schwärzlichen, blattlosen Umriß eines halbentwurzelten Dornbaums.

Kleiner-Weg zitterte. Er legte die Hände an den Mund: Ma? rief er. Aber nur sein Echo antwortete ihm. Er fürchtete sich vor der grenzenlosen Stille. Die Lautlosigkeit wirkte so unheimlich bedrückend, daß er sich scheute, noch weiter laut zu rufen. Er flüsterte nur noch: Jo? Kirri, Graubart? Wo seid ihr denn alle? Warum seid ihr nicht hier?

Ob sie dort oben sind? fragte sich Kleiner-Weg. Vielleicht sogar ganz nah? Etwa da oben in der Nähe des hängenden Baumes? Sicher, gewiß warten sie auf dich! sprach Kleiner-Weg sich Mut zu. Sie können nicht wissen, wo du bist.

Der Junge zog sich an den Armen die Wand empor, fand mit den Zehen Halt, tastete kratzend nach dem nächsten Griff, suchte eine Stellkante für die andere Fußspitze, stemmte den Oberkörper hoch, zog und hangelte sich Arm über Arm den schartigen Fels stückweise nach oben.

Seine Kräfte verließen ihn jedoch bald. In der Wand hängend, hob er den Kopf nach dem schwarzen Dornbaum. Der schien jetzt noch weiter entfernt als zuvor. Über seinen Händen war die Wand glatt gebrochen und ohne Halt. Hier schaffte er es nicht.

Kleiner-Weg tastete mit den Zehen unter sich, faßte mit den Fingern tiefer, fand mit dem nächsten Fuß Halt und sprang über dem Grund ab. Er landete auf Händen und Knien schmerzhaft im spitzen Schotter. Tränen liefen ihm übers Gesicht.

Du mußt es woanders versuchen, sagte sich Kleiner-Weg, als er sich wieder aufgerichtet hatte. Er tappte zwischen den gefurchten Wänden entlang zurück zu dem Gnu, stieg über den leblosen Körper des Tieres, war jetzt bei der Stelle, wo er bewußtlos gelegen hatte und ging rutschend und hüpfend weiter in dem brüchigen Geröll.

Nach längerer Zeit traten die Wände, die ihn bisher beiderseits dicht begleitet hatten, etwas auseinander. Einen Steinwurf weit entfernt sah er die blaßgrauen, zerschmetterten Körper von mehreren Spießböcken. Auch ihre langen Hörner waren im Sturz zerschlagen. Ein Bock war in das Gehörn eines anderen gefallen.

Beißender Hunger überfiel den Jungen. Unwillkürlich griff er nach seiner Armtasche mit dem Faustkeil. Aber die Tasche hatte er in der Nacht verloren und den scharfen Stein dazu. Kleiner-Weg scharrte im Schotter. Er fand einen gezackten Steinsplitter und riß damit die Bauchdecke des toten Tieres unter der Zwerchrippe auf.

Er nahm sich nicht die Zeit zu kauen. Er schob das noch nicht erkaltete Fleisch in seinen Mund und würgte es in so dicken Klumpen hinunter, daß er nach Luft schnappen mußte. Er schlang weiter, bis ihm der Bauch wehtat. Schließlich richtete er sich auf und suchte nach Blättern, um die Hände abzuwischen. Doch auch hier wuchs nichts in dem gelblichen Fels. Kleiner-Weg mochte seine Hände nicht an der Decke des aufgebrochenen Tieres abwischen, denn er fürchtete, den Schatten des Tieres zu kränken. Er rieb schließlich die Hände an einem glatten Felsbruch so lange, bis er an ihnen kein Blut mehr sah. Jetzt erst merkte der Junge, daß auch sein Lendenleder weg war. Er schaute auf seine Blöße, sah zu der aufgerissenen Bauchdecke des Spießbockes hinüber und überlegte, ob er daraus einen Lendenschurz machen sollte. Aber er fühlte nicht die Ruhe, sich hinzusetzen und mit einem Schaber das Fell von Fett- und Fleischresten zu säubern, damit sich keine Aasschwärmer hineinsetzten.

Aber wo waren überhaupt die Fliegen, die sonst grün und blau die geschlagenen Tiere im Grasland umschwirrten, in Klumpen das verwesende Fleisch bedeckten? War denn nichts, gar nichts von der Welt übriggeblieben als er allein? Kein Summen, nicht das heisere Kläffen auch nur eines einzigen Schakals war zu hören. Kein Marabu und auch kein Geier wartete aufgebockt bei den Kadavern, um die Eingeweide aus der aufgebrochenen Bauchdecke des Bocks zu zerren.

Wieder stand Kleiner-Weg reglos und lauschte. Erst als

sich ein Stein aus der Felswand löste und hinter ihm aufschlug, zuckte er zusammen. Nackt lief er weiter den tiefen Erdriß entlang, aus dem er noch immer kein Entkommen sah.
Jetzt rückten die Felswände abermals eng aufeinander zu, so dicht, daß er sich seitlich kaum zwischen ihnen hindurchzwängen konnte. Und noch immer war er ohne Begleitung seines Schattens; denn mit der Sonne hatte er auch den Schatten verloren.
Die Sonne ist also wirklich nicht mehr da, dachte Kleiner-Weg traurig. Wie Graubart es gesagt hatte. Das Licht um ihn war dämmrig und trüb, nur gerade so hell, daß er wenigstens einigermaßen sehen konnte, wohin er seine Füße in dem scharfen Gestein setzte.
Plötzlich kniff Kleiner-Weg die Augen zusammen: Weit hinten fiel Wasser von oben über den Felsrand, ein dünner Wasserfaden traf die Felsklippe und versprühte im Geröll und Schotter! Der Junge sprang über einen Bodenriß, hastete über das Geröll, setzte über die Steinbrocken und Felsschroffen hinweg, bis er gerade unter dem Wasserstrahl stand. Kühl zerstäubte das Rinnsal auf seinem Rücken. Es war ein gutes Gefühl. Kleiner-Weg fuhr mit den Fingern durch die nassen Haare, strich die Strähnen aus dem Gesicht, hielt den offenen Mund empor und schluckte gierig. Das Wasser war braun und hatte einen scharfen Geschmack. Dann rieb er die Schultern und das Gesäß, die Brust, den Hodensack und Penis, rubbelte die Beine, den Bauch und die Arme ab. Er schaute unter seinen rechten Arm

und prüfte die Verletzung unter der Achsel. Der Riß war verkrustet, spannte, schmerzte aber nicht. Ma, dachte Kleiner-Weg dankbar, sie hat die Wunde geheilt.
Er fühlte frische Kräfte. Das Wasser hatte ihm gutgetan. Nun konnte er weiter. Sein Bauch war mit Fleisch gesättigt, er hatte seinen Durst gestillt, seine Glieder waren warm. Falls es sein mußte, konnte er jetzt mehrere Tage ohne Nahrung bleiben, wenn er in seinen Magen einen Knoten machte, wie es die Jäger tun, wenn sie auf einem langen Jagdzug sind.
Nur seine Unruhe wollte nicht weichen. Wenn Kleiner-Weg an die Geierleute und an Ma dachte, flatterte seine Seele wie ein verstörter Vogel und wollte sich nicht beruhigen lassen.
Immer wieder suchten seine Augen einen Ausstieg zwischen den Felsabrissen, die ihn hier in der Tiefe gefangen hielten. Mehrmals hatte er bisher an verschiedenen Stellen der Schlucht umsonst versucht, hinaufzuklettern. Doch er hatte immer wieder aufgeben müssen. Nur einmal war er ungefähr bis in die Mitte der Wand gekommen. Dann hatte er umkehren müssen, weil seine Hände aufwärts keinen Griff mehr fanden.
Braungraue Wolkenfetzen trieben über den Felsspalt. Die Sonne war und blieb verschwunden. Nach Tagesmitte rollte sich Kleiner-Weg unter einer großen Felstafel zusammen, die schräg an der gegenüberstehenden Wand lehnte. Sie ließ unter sich einen Spalt frei, in den er müde hineingekrochen war. Zusammengekrümmt, mit den Händen zwischen den Beinen, schlief er ein.

Er erwachte erst wieder vom bohrenden Druck des scharfen Gesteins im Wundriß an der Seite. Es war ein schlimmer Schmerz. Trotzdem fand er nicht zu sich. Noch halb im Aufwachen sprach er mit Tata, dem Geschwisterbruder, der schon lange mit den Jägern ging. Tata hatte ihm gerade zugerufen: Da schau, Kleiner-Weg, da ist die Sonne! Ja, das hatte er gerufen, und auch Ma saß dabei. Er selbst, Kleiner-Weg, war wieder winzig und klein, das Tragekindchen von Ma. Kuschlig lag er in ihrem Arm, tatschte nach ihrer Brust, trank süße, warme Milch. Ma kitzelte ihn unter der Nase, daß er niesen mußte.
Aber da durchfuhr ihn von neuem der heiße Wundschmerz. Er machte die Augen auf und starrte durch das trübe Licht, ohne zu begreifen. Wo war Ma geblieben? Und wohin war Tata? Und was war mit der Sonne, die doch wiedergekommen war?
Sein Kopf dröhnte, die Augen waren verschwollen. Er schob sich wie eine Schildkröte rückwärts unter der schiefen Felstafel hervor, blieb in der Hocke sitzen und untersuchte seine schmerzende Seite. Die Wunde war aufgeplatzt. Helles Blut sickerte hervor.
Kleiner-Weg schleppte seine Füße übers Gestein, bis er die Beine wieder richtig in seiner Gewalt hatte. Noch immer sah er das Gesicht von Ma groß und tröstlich ganz dicht vor sich. Er spürte ihr Lächeln, als wäre sie an seiner Seite.
Abermals kamen die gegenüberstehenden Abrißwände einander so nah, daß sie ihn beinahe streiften. Es war

schwer, durch den engen Spalt hindurchzukommen. Aber dann sah Kleiner-Weg einen Ausstieg! Auf der linken Seite fiel die Wand von ihrer Mitte ab als Geröllhang, bis an den Fuß der gegenüberstehenden Steilwand. Hastig begann Kleiner-Weg den Anstieg nach oben. Das Tageslicht war schon fahl und täuschte. Aber er kam gut voran. Gebückt, zuletzt auf Händen und Füßen, kroch er die Steinhalde aufwärts bis dahin, von wo aus die Wand wieder senkrecht stieg.

Von hier aus konnte Kleiner-Weg den Grund der Schlucht kaum mehr erkennen. Es war inzwischen dunkel geworden. Viel zu gefährlich, jetzt weiterzuklettern.

Unter der Felswand scharrte er sich eine Sitzkuhle aus. Gestein rumpelte dabei in die Tiefe. Das Poltern machte ihm Spaß. Er drückte ein paar kräftige Brocken über den lockeren Hang nach unten, bis sie von selbst über das Geröll weiterrutschten und noch mehr Steine mit sich nach unten rissen.

Morgen werde ich den Ausstieg finden, dachte Kleiner-Weg zuversichtlich.

Dann saß er lange und starrte in die Dunkelheit. Ab und zu flackerte ein rötlicher Schein unter den Wolken. Die Erde war noch nicht zur Ruhe gekommen. Steine brachen aus der Wand und schlugen in die Tiefe. Der Junge zog die Knie an die Brust, umschlang sie mit den Armen und legte den Kopf darauf.

Langsam, ohne daß Kleiner-Weg es zunächst bemerkt hatte, war die Nacht zwischen den Wänden heller

geworden. Der Junge schaute zu den gegenüberstehenden Felsschroffen auf und sah in der Höhe darüber lichte Wolken. Dazwischen schob sich sehr groß und voll ein rötlicher Mond.

Vor Freude schnalzte Kleiner-Weg laut mit der Zunge. Er wiegte den Oberkörper über den untergeschlagenen Fersen, nahm flache Steine und schlug sie gegeneinander. Seine Augen blieben am roten Mond hängen, während er die singenden, beschwörenden Worte wiederholte, mit denen Geiermann im Höhlennest der Menschen am Bach jedesmal den wiedergekehrten Mond begrüßte:

Unsere Älteste Schwester ist dies,
das Haupt einer Nashornkuh ist ihre Kraft,
sie mehrt die Töchter und Söhne der Mütter,
unsere Älteste Schwester ist dies,
die alle Himmel durchwandert,
über dem Geierbaum wacht ihre Kraft!

Früher einmal war er auf einen Baobabbaum gestiegen, um dem Mond, der Ältesten Schwester, Früchte und Honig zu schenken. Er hatte beides in ein Blatt gewickelt ihrem großen Gesicht entgegengestreckt. Aber sein Arm war zu kurz gewesen. Geiermann hatte nur genickt, als ihm Kleiner-Weg davon erzählte. Ja, erklärte er dem Jungen, mit unseren Händen können wir sie nicht erreichen. Und sie wechselt ständig ihren Weg von einem Ende des Himmels bis an das andere. Du weißt, die Sonne hat ihren steten Pfad über uns. Sie geht darauf wie der Elefant, der sein Wasserloch kennt. Aber der Mond, unsere Älteste Schwester, hat ihren Wechsel am Himmel wie der Geier, den du heute hier und morgen dort siehst. Sie ist klug! Weitab geht sie ihren Weg, wechselt ihn und ändert ihre Gestalt, damit sie sicher ist vor ihren Feinden.

Wer die Feinde von Ältester Schwester waren, darüber hatte Geiermann damals nichts gesagt, und Kleiner-Weg hatte auch nicht danach gefragt. Es mußten jedoch, das war ihm jetzt klar, mächtige Feinde sein, unheimliche, wie es die Nachtberge waren, die sogar die Graslandsonne hatten verschlingen können. Gut, daß sie die Wege von Ältester Schwester nicht kennen, dachte Kleiner-Weg erleichtert und schnalzte wieder mit der Zunge dem Mond zu. Auch die Geierjäger siehst du, sagte Kleiner-Weg halblaut. Er fühlte sich geborgen und war froh, daß Älteste Schwester ihn kannte, daß sie für ihn da war und über ihn wachte. Jetzt war er nicht mehr allein.

Kleiner-Weg merkte kaum die zugige Kälte der Nacht. Er hatte seine Seele in sich zurückgezogen. Die ganze Nacht hindurch verfolgte er den großen Weg der Ältesten Schwester, sooft sie sich zwischen den Wolken zeigte.

Kleiner-Weg war nur kurz eingeschlafen, als ihn der Morgenregen wieder weckte. Er stand auf und schlug sich mit den Händen auf Brust und Schenkel, um sich zu erwärmen. Über ihm hing vom Regen verschleiert die Felswand, durch die er sich heute den Weg nach oben suchen mußte. Kleiner-Weg ging den Rand des Geröllhangs entlang und prüfte über sich das Gestein. Bald darauf fand er einen Spalt im Fels, der doppelt so breit wie sein Körper war und bis oben an die zackige Kante reichte. Hier mußte er versuchen, herauszukommen. Mit gegrätschten Beinen stützte er sich in den Riß, zog sich mit den Fingern Stück für Stück höher. Dann fand er, behutsam mit den Zehen unter sich tastend, neuen Halt. Mühsam kam er vorwärts.

Endlich fühlte er, wie seine Hände oben in dicke Graswurzeln und Erde faßten. Wenig später hatte er es geschafft! Schwer atmend richtete Kleiner-Weg sich auf und schaute sich um. Vor ihm dehnte sich nach allen Seiten regenverhangen das Grasland, verbrannt, schwarz und verödet.

Der Geier und das Grab

Ringsum hatte das rote Feuertier die ganze Ebene abgeweidet. Weißgraues Gestein und helle Asche hatten die Nachtberge darüber ausgespien. Trostlos lag das Grasland unter dem kalten Regenhimmel.
Als Kleiner-Weg weit weg dunkle Punkte am Himmel erspähte, wußte er, wohin er seine Füße wenden mußte. Das würden kreisende Geier sein. Geiermann hatte die Kinder gelehrt:

Wo der Geier ist, sind auch wir,
und wo wir sind, da wacht er,
unter seinen Fittichen geht unser Weg,
seine Augen beschatten die flüchtige Beute,
er teilt sie mit uns,
seine Nestlinge sind wir.

Kleiner-Weg konnte bereits von fern die ausgebreiteten Flügel der Vögel erkennen. Sie schwebten im Aufwind über einem schwarzen Gehölz.
Kleiner-Weg kam näher. Ein süßbrenzliger Geruch trieb ihm in die Nase. Einige Aasvögel saßen aufgebockt in dem blattlosen, windgeknickten Geäst der Akazien und Acajoubäume. Im Gehölz konnte er mehrere Tierkadaver erkennen. Sie waren dunkel verbrannt. Geier saßen darauf. Mit gierig vorgestreckten Hälsen und reißenden Schnabelhieben nahmen sie die toten

Tiere aus. Kein Schakal, keine Hyänen störten sie. Nur untereinander versuchten die Aasfresser, sich die besten Plätze streitig zu machen.
Als Kleiner-Weg sich ihnen näherte, fraßen die Geiervögel unbekümmert weiter.
Es war eine Wasserstelle, an die sich die Tiere vor dem Feuersturm geflüchtet hatten. Jetzt, am Ende der Trockenzeit, war von der Wasserstelle nur noch ein Schlammloch übriggeblieben.
Kleiner-Weg wußte, wie gefährlich der zähe, rötliche Schlamm war. Große Tiere konnten sich so in der saugenden Tiefe verfangen, daß sie nicht wieder herausfanden. Die Geierleute hatten gerade vor einigen Wochen eine Elefantenkuh erlegt, die im Schlamm bis an den Bauch eingesunken war. Mit Keulen und Steinwaffen waren die Geierleute über das hilflose Tier hergefallen, bis die Elefantenkuh zusammenbrach. Einen Berg von Fleisch, Knochen und Fett hatten die Frauen und Männer hinauf in die Höhle geschleppt.
Gleich neben der schlammigen Pfütze standen zwei Geier über einem dunklen, verkrümmten Kadaver. Sie fuhren mit ihren blauen Hälsen in das aufgerissene rote Fleisch unter der vom Feuer versengten Haut. Kleiner-Weg stieß einen Schrei aus, als er sah, daß die beiden Totenvögel den Leichnam eines Menschen unter ihren Krallen hatten. Er rannte auf die Geier zu. Sie flatterten schwerfällig auf und ließen sich gleich darauf in der Nähe wieder am Boden nieder.
Von dem zerfetzten, augenlosen Gesicht konnte der

Junge fast nichts mehr erkennen. Aber vor ihm lag die gespreizte rechte Hand des Toten. Die beiden letzten Finger und der Daumen fehlten an ihr. Er kannte die Hand wie keine andere. Jo! Das mußte Jo sein! Kleiner-Weg war entsetzt. Beim Kampf mit einer Fleckenhyäne war beim Jäger vor vielen Mondjahren die rechte Hand verstümmelt worden. Jo selbst hatte dem Jungen oft diesen Kampf geschildert, der ihn beinahe das Leben gekostet hatte.

Au, au-jii, rief Kleiner-Weg unter Schluchzen. Jo, Jo, stammelte er. Kleiner-Weg wußte, wieviel ihm Jo beigebracht hatte. Er hatte ihm gezeigt, wie man die Stellen erkennt, wo man mit dem Grabstock die saftigsten Yamswurzeln aushebt. Jo kannte auch alle Tiere des Graslandes und ihre Jagd, ihren Geruch und ihre Spuren, die Wundkräuter am Bach und die vielen Zeichen des Vogelflugs. Weil Jo, der Jäger, seit langem linkshändig arbeitete, verstand er es auch besser als die übrigen Jäger, dem Jungen zu zeigen, wie man mit dem Faustkeil und dem Speer umgeht. Denn anders als die meisten Geierleute hatte Kleiner-Weg in seiner Linken die meiste Geschicklichkeit und Kraft.

Jo war es, hier auf dem Boden! Jetzt erkannte Kleiner-Weg sogar das entstellte Gesicht. Der Junge wandte die Augen ab und starrte neben sich auf die blasige Pfütze der trüben Wasserstelle. Jo, sagte er. Jo! rief er mit seinen Gedanken die Seele des toten Jägers. Wo sind die andern? Er merkte nicht, daß die Geierschnäbel hinter ihm wieder in das tote Fleisch fuhren.

Auf der anderen Seite des nackten Unterholzes bewegte sich der Schatten eines riesigen Vogels. Ein Geier, so groß, wie Kleiner-Weg noch keinen gesehen hatte!
Der Junge lief gebückt durchs Holz. Er achtete nicht auf die langen Dornen, die seine Haut ratschten und in die Sohlen stachen.
Der mächtige Vogel mit den hellen Schwingen saß in der freien Lichtung über einem schwärzlichen Fleischbündel, fuhr mit dem gebogenen Schnabel in das Gedärm und würgte es langsam schlingend in sich hinein. Kein anderer Aasvogel saß in seiner Nähe, so als dürfe es keiner der übrigen Geier wagen, diesem ungeheuren Tier auch nur einen Bissen streitig zu machen.
Noch bevor Kleiner-Weg auf den Vogel zugerannt war, hatte er gesehen, daß auch dies wieder ein menschlicher Leichnam sein mußte. Die scharfen, kalkgelben Zehenkrallen des Geiers zerrten ungeduldig an der verkohlten Haut. Auf Schrittlänge entfernt, war Kleiner-Weg vor dem schwarzgefiederten Riesenvogel stehengeblieben. Der riß, ohne sich stören zu lassen, weiter Fleischfetzen vom toten Körper unter sich und würgte sie in den Hals.
Mit einem einzigen Satz warf sich Kleiner-Weg, ziellos um sich schlagend, gegen den Vogel. Tränen sprangen aus seinen Augen, seine Stimme schnappte über: Ejeh! Ejeh!
Neben seinen Füßen, verstreut um den Leichnam, auf dem der Geier hockte, lagen die winzigen Knochen eines Kindes. Ein Stück von einem kleinen Gelenk. Ein versengtes Tragleder.

Ma! gellte Kleiner-Weg und krallte sich in das flaumige, nasse Brustgefieder des Geiers. Ma! schrie er wieder und wieder, als ihn die harten Flügelschläge des Geiers trafen.

Der Junge stürzte zu Boden. Er überkugelte sich und sprang wieder auf. Voll Ekel sah er geradewegs in die kalten, grünen Augen des Vogels, der mit schlagenden Schwingen über seiner Beute stand. Aus dem weit vorgestreckten Schnabel kam lautes Gickern und ein schnarrendes Fauchen, als sich Kleiner-Weg abermals auf ihn warf.

Die Brust des Geiers überragte ihn um Kopfeslänge. Kleiner-Weg griff mit seinen Händen nach dem rotblauen Schlangenhals über seinem Haar, hielt ihn umklammert, während er mit Knien und Füßen die wütenden, scharfen Tritte des fauchenden Tieres unter sich abzuwehren suchte. Dann traf ihn ein Hieb der schwarzen Flügel so heftig, daß ihm der Atem mit einem Schlag aus der Lunge fuhr. Er wurde ein paar Schritte seitwärts geschleudert. Blind vor Schmerz, nach Luft japsend, suchte Kleiner-Weg auf dem Boden nach einem Stein, nach einem Stock und rannte dann wieder mit bloßen Händen auf den Riesenvogel zu, der sich jetzt mit schweren Flügeln in die Luft warf, noch ehe der Junge gegen ihn prallte.

Der Geier flog über den Acajoubaum, bockte dort auf und richtete mit dem Schnabel sein zerzaustes Gefieder.

Zitternd schaute Kleiner-Weg zu dem Totenvogel hinüber. Der Boden vor seinen Zehen war mit kleinem,

schwarzem Gefieder bedeckt. Ein paar große Flügelfedern lagen auf dem verstümmelten Leichnam.
Ma, Ma! schluchzte Kleiner-Weg wieder und wieder.
Er warf sich auf die Knie neben die Tote, schaute in ihr verzogenes Gesicht, fuhr mit den Händen ins aschige Gras und streute Asche über seinen Kopf. Alle Wut war jetzt weg. Er fühlte sich leer und verlassen. Er wünschte sich nur noch, sein Leben möge ihn verlassen.
Noch immer saß der Geier wartend, unbeweglich aufgebockt oben im blattlosen Geäst des Acajoubaums, seinen Blick auf den Jungen gerichtet.
Kleiner-Weg wußte, daß er keine Kraft mehr hatte, das riesige Tier noch einmal mit bloßen Händen abzuwehren. Er stand von seinen Knien auf und rannte zur Wasserstelle, um Steine zu sammeln. Viele Male lief er keuchend zwischen dem Schlammloch und dem Steinhaufen hin und her, der immer höher wuchs. Dann setzte er sich neben den Kopf der Mutter. Er würde den Geier mit einem Steinhagel von Ma fernhalten! Trost aber gab ihm dieser Gedanke nicht.
Wehklagend sprach Kleiner-Weg mit der Seele von Ma. Er wußte, daß sie hier war. Er wußte, daß sie hier auf ihn gewartet hatte.
Der Junge schreckte hoch, als der Geiervogel mit klappendem Flügelschlag nur ein paar Sprung weit von ihm auf dem Boden aufsetzte. Wieder traf ihn der Blick dieser kalten Augen. Seine Wut kehrte schlagartig zurück, als der Vogel mit gickerndem Schnabel auf ihn zulief. Kleiner-Weg griff nach einem Stein. Er warf ihn

mit aller Kraft der Geierbrust entgegen. Der Himmelsvogel faltete seine Flügel auf, deren Spannweite ein Elefantenkalb hätte umfassen können, blieb flügelschlagend in der Luft stehen und fuhr mit hakigem Schnabel auf ihn zu. Kleiner-Weg traf den Schnabel über sich mit einem Schlag so hart, daß ein Stück davon absprang und der Geier sich mit einem Ruck wieder in die Höhe warf, über ihn wegstrich und zurück ins tote Geäst flog.

Kleiner-Weg wußte nicht genau, was er tat, als er begann, neben der Mutter Steine aufzuschichten. Er legte sie auf Mas Füße, lief wieder zur Wasserstelle und kehrte mit einer neuen Armladung Steine zurück. Er bedeckte die Tote von allen Seiten, sammelte neben ihr die verstreuten kleinen Knochen auf und legte sie mit dem versengten Tragleder in ihren schwarzen, verkrümmten Arm. Noch mehr Steine schichtete er darüber und hörte nicht auf, bis er Mas ganzen Körper mit Steinen, Holz und Astwerk vollständig bedeckt hatte.

Jetzt sah er nicht mehr ihr zerrissenes Fleisch, nicht mehr den Schmerz um ihren Mund. Als er sie mit seinen Gedanken unter dem zusammengetragenen Steinhaufen suchte, sah er Ma, wie sie immer gewesen war. Sie lag da und hatte ihr Kindchen an sich gedrückt. Genau wie früher, als Kleiner-Weg noch mit ihr den Schlafplatz geteilt hatte. Nein, hier konnte der Geier sie nicht mehr stören. Nun konnte Ma wieder mit ihm lächeln, wie sie es getan hatte, wenn er als kleiner Junge vom Sammlerpfad hochkam und ihr eine Handvoll Beeren mitgebracht hatte.

Es ist gut, Kleiner-Weg, sagte er zu sich. Sein Herz, das vor Trauer betäubt war, erwachte langsam wieder und schlug ruhig in seiner Brust. Er blickte auf und sah, der Geier war nicht mehr da. Er mußte die Wasserstelle inzwischen verlassen haben. Kleiner-Weg atmete auf. Nun gab es keine Gefahr mehr.

Da blieb er mit einem Ruck stehen. Er hatte plötzlich an Geiermann denken müssen. Was würde der große alte Jäger sagen, wenn er ihm von seinem Kampf mit dem Geier, dem Schutztier ihrer Sippe, berichten würde? Gehörte nicht das Nest der Geierleute, die Lebenden wie ihre Toten, dem schwarzen Himmelsvogel? Durfte er Geiermann sagen, wie er Ma unter Steinen begraben hatte, so daß der Himmelsvogel sie nicht mehr erreichen konnte? War es nicht von den Ahnen an so gewesen, daß die Geierfamilie ihre Toten im Baobabgeäst dem Himmelsvogel darbot, damit ihre Seelen mit seinen Flügeln weiterflogen? Ja, und wo sollte der Schatten von Ma ohne den Schutz des Himmelsvogels bleiben?

Kleiner-Weg hatte das Totemtier der Geierleute verletzt. Ohne das Abwehrzeichen gegen den Bösen Blick hatte er in die Augen ihres Totemvogels geblickt. Ma, dachte er stöhnend. Sieh doch, wie bange mir ist! Ich habe meinen Arm gegen den Himmelsvogel erhoben! Ich strecke meine Hände aus und niemand kommt, der sie mir hält.

Mußten ihn nicht die Geierleute verstoßen, wenn er sie wiederfand? Würde er nicht, vom Bösen Blick getroffen, für immer geächtet sein? Umherirren müssen, gezeich-

net sein? Bis der dickäugige Leopard ihn riß? Wohin sollte dann seine Seele gehen? Wie könnte sie ohne den Geier, den Himmelsvogel, heim über den Himmelsrand fliegen?
Kleiner-Weg spürte, wie seine Seele sich angstvoll in ihm regte. Aber trotzdem, Ma war noch immer da! Fast meinte er, ihre Hand zu fühlen, die ihn tröstend berührte. Nein, Ma war bei ihm geblieben. Er konnte sie genau vor sich sehen, wie sie ihn anschaute mit ihren dunklen Augen.
Da wußte Kleiner-Weg, daß er es richtig gemacht hatte. Geiermann und die anderen mochten später sagen, was sie wollten. Er war nicht allein. Ma? fragte Kleiner-Weg. Hast du denn keine Angst, wo jetzt dein Schatten bleibt? Ma schien ihm beruhigend zuzulächeln. Vielleicht kannte sie einen geheimen Pfad ins Land hinterm Himmelsrand, einen Weg, der sie auch ohne Geleit des Geiers zu einem guten Schlafnest führte, wo sie nah bei Ältester Schwester sein konnte.
Ich werde dich wiederfinden, Ma, sagte Kleiner-Weg zu ihr. Ja, Ma, ganz sicher. Doch seine eigene Seele würde er fortan sorgsam behüten müssen. Sie durfte ihm nicht davonfliegen, daß nicht der Himmelsvogel sie überraschte, sie an seine Flügel heftete und nicht mehr zu ihm zurückkehren ließ.
Kleiner-Weg dachte daran, wie seine Seele ihn nachts oft verließ, um über die Berge ins andere Grasland zu gehen. Wenn sie morgens zurückkehrte, hörte er, was sie ihm davon berichtete: Von den vielen Bananen, an

denen sie sich satt gegessen hatte, von Honigbäumen und so vielen Früchten und leckeren Wurzeln, wie man sie im Grasland bei den Nachtbergen nicht fand. Nein, er konnte seine Seele nachts nicht mehr allein fortgehen lassen. Er mußte sie in sich verschließen wie Wasser in einer Kalebasse. Aber würde sie sich nicht, gefangen in ihm, vor Sehnsucht nach dem Land hinterm Himmelsrand verzehren?

Ich werde mit meinen Füßen selbst das jenseitige Grasland suchen, sagte Kleiner-Weg. Sofort will ich mich aufmachen, sprach er laut zu sich selbst.

Er machte sich auf und schaute nicht mehr hinter sich. Er kehrte den fernen, wolkenverhangenen Nachtbergen den Rücken zu, der Höhle in der Felswand überm Bach, dem Grasland mit den Jägerpfaden. Hinter sich ließ er das schlammige Wasserloch zurück. Mit Jo, mit dem Steinhügel und Ma und ihrem Kind darunter.

Ich werde laufen und eine neue Sonne finden, sagte Kleiner-Weg noch einmal laut.

Sehr weit hinten am Himmelsrand, auf den er nun seine Augen richtete, standen Berge, hinter denen vielleicht das andere Grasland, mit Früchten, neuer Sonne und Honigweiservögeln lag. Kleiner-Weg wünschte sich, daß er dort auch Älteste Schwester wiederfinden würde. Und dann machte er seine Knie stark für den langen Weg.

Er lief vom Morgen bis über den Mittag im schlenkernden Trab, ohne sehr zu ermüden. Tiere sah er nicht in der weiten, schwarzen Steppe. Sie waren entflohen, um-

gekommen, entschwunden so weit seine Blicke reichten. Nur einmal, ganz weit vor ihm, waren die kleinen schaukelnden Dreiecke von Giraffen aufgetaucht, die aussahen wie entfernte Dornhügel voller Menschen.
Spätnachmittags stieß er zum ersten Mal auf belaubte Bäume und endlich auch auf Gras, das nicht vom Feuer abgeweidet war. Zwischendurch stolperte er über ein verlassenes Straußennest. Er brach die Schale der Eier mit kräftigen Steinschlägen auf. Das innere Gelb war weich und flüssig, aber es war in festes, weißes Fleisch eingebettet, wie er es sonst noch nie bei einem Ei gesehen hatte. Aber es schmeckte ihm gut, wenn auch völlig anders als sonst das wäßrige Einaß. Ein Ei aß er ganz auf, aus dem zweiten und dem anderen schlürfte er nur das Gelbe.
Es war ein langer Weg. Kleiner-Weg wußte nicht, ob irgendein Jäger so weit schon allein gelaufen war. Er konnte die Tage und Nächte nicht mehr zählen, so lange war er unterwegs, so lange regnete es ohne Unterlaß, so lange hatte er die Sonne verloren.
Doch als er das verbrannte Land endgültig hinter sich gelassen hatte, war die Steppe wieder von Tieren aller Art bevölkert. Buschrinder zogen zu den Wasserläufen, Giraffengazellen weideten an den Dornakazien, eine Nashornkuh mit ihrem fiependen Jungen kreuzte seinen Weg.
Er mußte jetzt auch seine Schritte sorgsamer hüten. Er schaute nach einer Waffe. Unter einem Kaffeebaum

fand er einen schweren Stock, der ihm gut in der Hand lag. Kleiner-Weg folgte, wo immer er konnte, dem Weg der Gazellen und Zebras, weil sie eine scharfe Witterung für den sauren Schweiß der reißenden Großpfoten hatten, die der Junge am meisten fürchtete.

An einem Abend, frühzeitig, als die Buschböcke aufhörten zu grasen, ihre witternden Nüstern nach allen Seiten drehten und die roten, blaukehligen Dämmervögel ihr schrilles, sehr hohes Kwe-kwe-kwe-kwe ertönen ließen, suchte sich der Junge einen Schlafplatz in den Feigenbäumen, die zusammen mit den Msulababäumen einen starken Wasserlauf säumten.

Kleiner-Weg rollte sich auf dem Blätterlager zusammen. Mit bereits geschlossenen Augen tastete er nach dem dicken Striemen am Hinterkopf, den er immer noch spürte, dort, wo der Schnabel des Geiers, aufgefangen von seinem Haarschopf, ihn getroffen hatte. Er schlief sofort ein.

Kleiner-Weg erwachte nicht von den rollenden Stimmen der Löwen, die mit ihren Familien, den erwachsenen Jungen und den Laufkindern durch das Grasland streiften, hörte nicht das heisere Kläffen der Hyänenhunde und blickte nicht auf, als der abnehmende Mond sein weißes, sehr helles Licht über die Baumkrone goß. Kleiner-Weg schlief, tief vergraben in seiner Laubschütte, bis ihn in der Frühe das laute Gackern eines Lärmvogels weckte.

Er blieb liegen, schlug die Augen auf und lauschte. Dann kletterte er in den Baum und pflückte Feigen. Sie waren

noch nicht richtig reif und schmeckten bitter. Aber Kleiner-Weg konnte sich an ihnen sattessen.
Später rutschte er an seinem Schlafbaum hinunter, trank zusammen mit großen Marabus und hochbeinigen Störchen am Wasserlauf und setzte dann seinen Weg fort.
Jetzt ging er bereits deutlich näher den fernen Bergen entgegen, die er lange so weit weg hatte liegen sehen. Plötzlich stockte sein Herz, vor Freude hielt er die Luft an. Über den dunklen, scharfen Bergkämmen vor ihm brach Sonnenlicht hervor. Langsam hob sich die Sonne hinter den schattigen Umrissen des Berges, bis sie groß und rund über den Bergen stand und ihre Strahlen den Jungen geradewegs in die Augen trafen. Er hatte die Sonne wiedergefunden!
Kleiner-Weg schaute hinter sich. Ja, mit der Sonne war auch sein Schatten wieder da, mit der Sonne, die aus dem Land jenseits der Berge auf ihn schaute, aus dem Land, das er suchte.
Kleiner-Weg rannte durch das feuchte Gras ihrem heißen Gesicht entgegen, bis er einen Wildwechsel gefunden hatte, der geschlängelt in Richtung auf die Berge zu verlief. Immer höher erhob sich die Sonne aus dem Land hinter dem Himmelsrand. Sie verströmte ihr wärmendes Licht über seinen braunschwarzen Körper, der bald vom schnellen Lauf in Schweiß geriet.
Ich habe die Sonne wieder, mehr konnte Kleiner-Weg nicht denken. Er rief es in die Luft, so laut er konnte: Ich habe die Sonne wieder, daß Ma es hören mußte, und Jo und der ganze Geierklan, wo immer sie auch waren.

Es verdroß ihn nicht, daß wieder schwarze Wolken das Gesicht der Sonne überzogen. Eine Regenwand entlud sich prasselnd über ihn. Kleiner-Weg hatte die Sonne gefunden, und er hatte sein Ziel gesehen. Nun war er sicher, daß es das jenseitige Land wirklich gab. Er war glücklich über die Kraft und die neue Zuversicht, die der Gedanke ihm gab.
So schnell er konnte, rannte er dem Morgensitz der Sonne entgegen. Er nahm sich kaum Zeit, an einem Wasserloch zu trinken, ein paar Blätter zu kauen, wünschte nur, er könnte so schnell laufen wie seine Gedanken, die ihm schon weit voraus, bereits drüben auf der anderen Seite der Berge waren.
Den ganzen Tag hindurch ließ die Sonne ihr Gesicht nicht mehr sehen. Kleiner-Weg duckte sich in einer Bodenwelle, als ein Gewitter langhallende Donnerschläge über den Himmel jagte und die Berge hinter einem Vorhang von grellen Blitzen verschwanden. In der Senke fand er saftige, süße Beeren an einem Schimpansenbuschbaum, Hände voll Mougongounüsse, die er mit seinen Zähnen aufbrach. Er steckte dazu Weinblätter in den Mund und aß ein wenig von der braunroten Erde, deren Geschmack in seinem Gaumen brannte.
Einen Bastbaum fand er an diesem Abend zum Schlafen. Der Stamm und die aufsteigenden Äste waren mit weichen Rindenfäden umhüllt. Er löste lange Streifen davon ab, bis er ein ganzes Bündel davon beieinander hatte, und legte es in sein Baumlager, steckte es unter

seinen Nacken, kuschelte sich wohlig im Laub, bis er weich und ganz entspannt dort lag, wie früher in der Höhle am Felshang gegenüber von den Nachtbergen. Morgen wollte er aus dem Bast eine Tasche und einen Lendenschurz flechten. Mit diesem Gedanken schlief er ein. Er fühlte sich nicht mehr verlassen.

Die kalten Regenwälder

Am nächsten Tag, als der Mittagsschatten seine Zehen berührte, hatte Kleiner-Weg die ersten Ausläufer der Bergkette erreicht.

Sein rechtes Bein war bis in den Oberschenkel verkrampft. Ein Dorn hatte die Ferse eitrig entzündet. Schon morgens hatte das Blut unter dem Einstich gepocht. Kleiner-Weg hatte den abgebrochenen Stachel mit einer spitzen Steinnadel aus der hornigen Schwiele herausgeschnitten. Den ganzen Tag über war Kleiner-Weg dann mehr hüpfend als laufend auf seinen Zehenballen gegangen.

Bei einer Felsgruppe hielt der Junge an. Er ging durch eine weidende Herde von Gnus zu den Steinbrocken. Sie waren mit Buschwerk und abgestorbenen, krüppeligen Bäumen bewachsen.

Kleiner-Weg kletterte über die Blöcke zu einer liegenden Felsplatte hoch, über der mehr als mannshoch ein kahler Steinstumpf stand.

Unter der Felsplatte entdeckte Kleiner-Weg, wie er gehofft hatte, einen Spalt. Er kniete seitlich in sicherem Fluchtabstand nieder und warf schnell hintereinander einige Steine in den flachliegenden Spalt, um sich zu vergewissern, daß dort kein großes Tier wohnte, wartete lauschend und kroch dann gebückt in den Felsmund, der sich im Inneren geräumig weitete. Er fühlte mit den

Händen unter sich weiches Moos und Laubreste, die der Wind in die Höhlung geweht hatte. Als sich seine Augen an das spärliche Licht der Höhle gewöhnt hatten, sah er in einem Winkel blanke Knochen liegen. Kleiner-Weg schnupperte und war dann gewiß, daß hier kein größeres Tier seinen Schlafplatz hatte. Von der hintersten Schmalseite des Höhlenspalts kam ein feuchter Zug, der einen modrigen Geruch mit sich führte.

Es war ein guter Platz zum Bleiben, wenn auch die Höhle nur so hoch war, daß Kleiner-Weg in ihr gebückt stehend mit den Haaren den Deckenstein streifte. Spät abends erleuchtete die Sonne vom Himmelsrand her die ganze Höhle.

Tagsüber grub Kleiner-Weg nach süßen Wurzeln und nach Zwiebeln, aß Grashirse und suchte heilende Wundkräuter für seine Ferse. Er zerkaute sie, strich den grünen Brei auf ein größeres Blatt und verschnürte den Umschlag mit einem geflochtenen Binsenband über den offenen Eiterherd.

Der wehe Fuß hinderte ihn nicht daran, kleinere Rundgänge im Umkreis der Höhle zu machen. Es regnete viel. Fast jeden Morgen entluden sich heftige Gewitter über dem Grasland, das sich zusehends mit frischem Grün bedeckte.

Als die Ferse schon nahezu ausgeheilt war, entdeckte Kleiner-Weg in einiger Entfernung von seinem Schlafplatz Brocken von glasigen, scharf platzenden Schwarzsteinen, Obsidian. Nach solchen Steinen suchten die Jäger, um daraus die besten Fauststeine, Fellschaber und Bohrsteine herzustellen. Kleiner-Weg hockte sich auf den sonnenwarmen Felsen vor der Höhle und bearbeitete den Stein, wie es Hutse, der verkrüppelte Werkzeugmacher, den Kindern der Geierleute immer wieder vorgemacht hatte. Er schlug von dem Steinbrokken mehrere Abschläge, prüfte sie, sonderte den besten aus, drehte ihn hin und her, und als er keine Sprungstelle, keinen noch so winzigen Haarriß in dem Material erkennen konnte, war Kleiner-Weg zufrieden. Das versprach ein fester Faustein zu werden.

Sodann hieb er mit einem anderen federnden Stein die rohe Form eines Keils zurecht, schlug danach von der Keilspitze bis zur Griffknolle auf beiden Seiten gröbere und feinere Abschläge. Mit dem abgebrochenen Schmalende eines Röhrenknochens als Werkzeug preßte er unter großem Druck aus den Schnittkanten durchscheinend dünne Steinplättchen heraus, bis eine sehr dünne, scharfe Schneide entstand. Zuletzt glättete Kleiner-Weg den rohen Mittelstein mit einer Geweihsprosse, bis ihm der Keil glatt in der Faust lag. Es war ein guter Faustein geworden.

Kleiner-Weg freute sich über seine geschickten Hände. Prüfend wog er den Stein in seiner linken Hand. Wenn Jo diesen schwarzen, schönen Faustein sehen könnte! Er hatte ihn fertig geschlagen und geglättet, während sein Schatten nur um eine Fußlänge am Fels gewachsen war.

In der Abenddämmerung erlegte Kleiner-Weg ein Erdferkel, das gerade ein Termitennest aufbrach und die wimmelnden Tiere mit seiner langen, klebrigen Zunge in die Rüsselschnauze schleckte. Mit dem Fauststein schnitt er die Bauchdecke auf, häutete das graue Borstenkleid und zog seine Beute hinter sich her zum Felsspalt seiner Höhle. Mit einem scharfen Abfallsplitter des Obsidians schnitt er auf einem flachen Stein das warme Fleisch in mundgerechte Streifen. Das Fleisch zerkaute er zusammen mit frischen, kleinen Blättern von den nahen Buschzweigen. Die übrigen Fleischstücke schob er in seine Höhle und verschloß wie jeden Abend die Kriechöffnung von innen her mit Steinen. Warm und satt bettete Kleiner-Weg sich ins Moos.

Er wachte im Finsteren auf, als er in unmittelbarer Nähe das Fauchen eines Leoparden hörte. Kleiner-Weg hielt die Luft an. Gleich darauf vernahm er die grollende Stimme einer zweiten Leopardenkatze, die sich dem Felsspalt näherte.

Kleiner-Weg duckte sich, tastete nach dem Fauststein in der Basttasche. Mit vorgestrecktem Kopf und weitoffenen Augen horchte er, wie die Raubtierpranken an den Steinen scharrten, die den Eingang verschlossen.

Die Großpfoten hatten das Fleisch des Erdferkels gewittert. Sie waren der Blutspur seiner Beute hierher gefolgt und arbeiteten mit den Pranken, besinnungslos vor Gier, an den Steinen, die ihnen den Zugriff versperrten.

Ein dicker Stein kam ins Rollen, und der heiße, übelriechende Katzenatem schlug in die Höhle. Kleiner-Weg löste sich aus seiner Erstarrung, schnellte nach vorn, sah den Schein von grünlichen Augenlichtern glühen, schlug zu, wieder und wieder, wo er die wirbelnden Pranken zwischen den Steinen hörte, schlug und schlug nochmals in festes Fleisch und schrie mit greller, überkippender Stimme: Du Dickäugiger! Du Namafresser!

Draußen antwortete ihm rasendes Fauchen. Noch mehr Steine kamen ins Rutschen, und Kleiner-Weg kroch rücklings bis in die allerhinterste Enge. Er preßte sich ins Laub, spürte, wie es unter ihm nachgab und seine Beine nach unten sackten. Als er die glühenden Katzenaugen schon unter der Kriechöffnung sah, zwängte er sich ruckweise weiter zurück, drückte sich in den Schlitz, den seine Füße unter ihm gefunden hatten, zerrte seinen Kopf durch die Enge, blieb mit einer Hand eingezwängt hängen, biß die Zähne zusammen, zog sich wieder hoch, konnte die Hand befreien und ließ sich los.

Er landete auf flechtenüberzogenen, nassen Steinen. Völlige Finsternis umgab ihn. Er war den Dickaugen entronnen, war in Sicherheit!

Über sich hörte er das Fauchen, Scharren und Schmatzen, als die Leoparden die Reste des Erdferkels verschlangen. Nach einiger Zeit hörte er, daß die beiden Großpfoten die Felsspalte über ihm verließen.

Er mußte viel Geduld aufbringen, bis er sich aus dem modrigen Loch befreit hatte. Mehrfach mißlang es ihm, seinen Kopf durch den Riß in die obere Höhle zu zwängen. Er brauchte dazu die ganze Kraft seiner Hände, um sich festzuhalten, weil er frei an ihnen hing. Soviel er auch suchte, er fand mit den Zehen keinen Halt unter sich. Endlich konnte er sich schweratmend nach oben stemmen und ziehen. Seine Arme zitterten. Seine Hände flogen. Er blieb ganz hinten in der Höhle hocken, bis er sicher war, daß von den Leoparden nichts mehr zu hören war.

Neben sich fühlte Kleiner-Weg den Fauststein. Er war glitschig von Blut, und die Haare des Leoparden klebten daran. Die Hand um den Fauststein, verharrte Kleiner-Weg den Rest der Nacht im rückwärtigen Teil der Höhle.

Im Morgenlicht sah er, daß eins der Tiere eine blutige Tropfspur hinterlassen hatte. Sie führte von innen bis auf das Gestein vor der Felsplatte.

Kleiner-Weg hatte Angst, daß das angeschlagene Tier zurückkehren würde und beschloß, sein Höhlennest zu verlassen.

Aufmerksam um sich spähend, witternd und lauschend, stieg er über die Felsen nach unten. Kleiner-Weg nahm den Fauststein schlagfertig in seine Linke und lief so lange, bis er vor sich den Gebirgsstock erblickte, über dem die Sonne bereits aufgegangen war.

Der Junge folgte den Wildwechseln, trank mit den Zebras und schmalarmigen Pavianen an einer Wasserstelle. Auf der anderen Seite weidete eine Elefantenfamilie. Kleiner-Weg kniete sich ans Wasser, schöpfte und wusch sich Hände und Gesicht, strich die Haare über die Schultern zurück. Dann machte er sich auf zu den Bergen.

Er spürte noch den Schrecken der Nacht. Seine Hände

zitterten, sooft er merkte, daß die grasenden Herden, zwischen denen er hangaufwärts ging, unruhig wurden. Es begann zu regnen. Erst als er lange durch den Nieselregen gegangen war und nachmittags die Sonne hinter ihm durch die Wolken brach, glaubte er sich außer Gefahr. Die entzündete Ferse war ausgeheilt, sie schmerzte nicht mehr. Kleiner-Weg hob seine Augen auf zu den Bergen, die nun so nahe herbeigekommen waren, daß er bereits den Buschsaum ihrer Wälder deutlich erkennen konnte.

Der Aufstieg ins Gebirge war beschwerlich. Er benötigte dazu mehrere Sonnenläufe, denn in den Regenwäldern gab es keine erkennbaren Wildpfade, denen er folgen konnte.

Die Welt um ihn war dunstig und feucht. Über ihm bildeten die dichtverflochtenen riesigen Baumkronen ein undurchlässiges Dach. So hatte er Mühe, die Fallrichtung der Schatten und die Sonnenhöhe zu bestimmen. In einem engen Talkessel hatte er sogar einmal seinen Vormittags- und Nachmittagsschatten miteinander verwechselt. Er war, ohne es zu merken, einen halben Tag lang einem gewundenen Tal entlang wieder in die rückwärtige Richtung gegangen, bis er von einer Kuppe aus die untergehende Sonne, die eigentlich hinter ihm stehen mußte, seinen Augen gegenüber sah.

Hier, unter den Dunkelbäumen mit den wiegenden überlangen Bartflechten, die grauschwarz von den Ästen hingen, war der Junge blind auf seinen Richtungssinn angewiesen. Oft mußte er lange Umwege machen,

wenn ihm eine Lichtung mit verfilztem Untergewächs aus Farnen, Lianen, kleindornigen Büschen, Ranken und überwucherten modrigen Baumleichen das Weitergehen unmöglich machte.
Kleiner-Weg hatte erwartet, daß der Weg ins jenseitige Grasland ebenso beschwerlich wie gefährlich sein würde. Wenn die Geierleute im Höhlennest vom Grasland hinterm Himmelsrand gesprochen hatten, war es den Kindern immer kalt über den Rücken gelaufen.
Besonders Graubart hatte so viele gruselige Sachen vom Weg nach drüben erzählt. Da gab es zum Beispiel die bösartigen Rundköpfe, die Gorillaaffen mit den baumelnden Armen. Sie packten die Menschen und zogen sie hinauf ins Geäst, wo die riesigen Affen sie stückweise zerrissen und verspeisten. Ihre stinkenden Baumnester waren gefüllt mit gebleichten, zerbrochenen, ausgesogenen Menschenknochen und Schädeln. Graubart hatte grunzende Klagelaute ausgestoßen, wenn er von den Gefahren des Waldes erzählt hatte.
Außer den unflätigen Menschenaffen gab es noch die Echsen, groß wie starke Elefantenbullen, in den Bergwassern vor dem Himmelsrand. Ihr spitzbezahnter Rachen war gewaltig. Wie der Storch ein Fröschlein, konnten diese Echsen ein Mädchen, wohl auch einen ausgewachsenen Mann mit einem Happen verschlingen. Ob ein Jäger sie mit seinem Speer töten könnte? Gewiß nicht. Denn die Haut dieser Tiere mußte Graubarts Worten zufolge hart wie Holz vom Blutsteinbaum sein. Von solchen und anderen ungeheuerlichen Lebewesen

wimmelte es nur so in den Berichten über den Pfad, der durch die Regenwälder ins jenseitige Grasland führt. Ganz schlimm aber mußte der heimtückische weiße Sand sein, den es dort in Massen, brusthoch, auf den Höhen der Berge gab. Es war ein Sand, auf dem gar nichts wuchs, nicht einmal Dornen. Eisig und kalt war er, schwere, weißblaue Steine lagen dazwischen, Steine, die einen verbrannten – wie das rote Feuertier –, wenn man sie anfassen wollte. Verloren war eine Familie, die ihre Füße in das weiße Feuerland setzte. Graubart hatte bei dieser Erzählung ein lautes Whuu-whuu ausgestoßen, die Hand geschlenkert und auf die Fingerspitzen geblasen, als hätte ihn dort gerade in diesem Augenblick das Feuertier mit seinen Zähnen erwischt.
Außer den Uralten und Ältesten, die lang vor ihnen lebten und jagten, hatte noch keiner der Geierleute je die Menschenaffen, die Rieseneidechsen oder das weiße Feuer mit eigenen Augen oder gar aus nächster Nähe gesehen. Aber es waren ja die Uralten und Ahnen gewesen, die abends warnend mit Graubarts Stimme zu den Geierleuten im Höhlennest gesprochen hatten. Die Ältesten und Uralten waren heilfroh, daß ihre Familie, die Geierleute, vor solchen Gefahren, wie sie im Bergland lauerten, unten im Grasland sicher waren. Was war dagegen schon ein Gepard oder sogar ein fürchterlicher, aber doch vereinzelter Säbelzahntiger, wenn er, was selten geschah, in ihre Höhle einbrach und sich ein Opfer unter ihnen suchte? Kam das Untier wirklich mit dem Leben davon, dann aber gewiß auch mit einem

blutigen Kopf, und das würde die Großpfote lehren, ein anderes Mal den Felsenweg, das Nest der Geierleute, zu meiden. So hatte es Graubart gesagt, und alle hatten beifällig zu den Worten des Alten genickt.

Die dicken Rundköpfe, Gorillas, hatte Kleiner-Weg bereits am zweiten Tag im Bergwald gesehen. Als er morgens in seinem geflochtenen Nest auf einem Kolabaum am Rand eines Steilhangs erwachte, sah er in den Knüppelholzbäumen auf der anderen Seite des kleinen Tals ihre riesigen bräunlichen Gestalten in den Laubkronen hangeln. Der Junge stieß unwillkürlich einen lauten Schreckensruf aus und legte dann schnell die Hand auf den Mund. Aber nichts Fürchterliches geschah. Er hörte nur von der anderen Talseite her einige Trommellaute. Als er genauer hinsah, konnte er ein Gorillaweibchen in einer Baumkrone entdecken, das mit den Fäusten auf ihren breiten Brustkorb schlug. Genau wie auch Geiermann es gemacht hatte, wenn er die Familie gewarnt oder ein Pavianrudel vom Felspfad am Höhlennest verscheucht hatte. Ein Gorillakind flüchtete in die Arme des Weibchens, und die anderen Gorillaaffen unten am Boden nahmen mit rundgeschwollenem Hals eine drohende Haltung in seine Richtung ein.

Kleiner-Weg rührte sich nicht. Wenig später tollten unten am Bach die Affenkinder wieder miteinander, während sich die schweren Männchen hinsetzten und einander das Fell lausten.

Eigentlich benahmen sich diese großen Affentiere nicht

anders als die kleineren Paviane oder Schimpansen, deren Verhalten und Gebärdensprache dem Jungen vertraut war. Mit ihnen war er ja groß geworden, oder er kannte sie doch so gut, als gehörten sie zum Klan der Geierleute.

So war sein erster Schrecken bald vorbei. Er war den Baum hinuntergestiegen und hatte vorsichtig seinen Weg entlang der Lichtung fortgesetzt.

Vorher hatte Kleiner-Weg noch die Flechttasche mit den langen, lederartigen Früchten des Kolabaums vollgestopft. Diese Baumfrüchte öffneten sich in Schoten wie eine rundum gespreizte Hand und enthielten rötliche Nüsse. Sie schmeckten bitter, doch als Kleiner-Weg ein paar davon gegessen hatte, fühlte er sich sehr erfrischt.

Kleiner-Weg kam an diesem Tag ein großes Stück durch den Wald weiter bergan. Seine Umwelt hatte sich von einem Hochtal zum anderen immer mehr verändert. Nichts mehr erinnerte hier an das Grasland unter den Nachtbergen. Außer vielleicht, daß auch hier Perlhühner gackerten und daß er gelegentlich auf eine Elefantenherde oder auf vereinzelte Graslandbüffel stieß. Manche Tiere des Regenwalds waren sogar für scharfe Augen nur schwer vom Gehölz zu unterscheiden. Eine Okapiherde hätte ihn an einem Abend beinahe überrannt, als sie wie Schatten unmittelbar neben ihm aus dem Wald brachen.

Die Tiere sahen aus wie zu kurz geratene Giraffen und hatten, wie er später beobachten konnte, eine Zunge, so lang wie der Unterarm des Jungen. Die rötlichbraunen, an den Beinen weiß gestreiften Tiere hatten wohl an jenem Abend ganz in seiner Nähe zwischen den Bäumen gestanden. Und wie komisch sahen die Schweine hier in den Bergen aus! Es waren massige Tiere mit dickem Nacken. Wenn sie im Galopp losrannten, stellten sie ihren langen, dünnen Schwanz stocksteif in die Höhe. Es klang gefährlich, wenn so eine Herde aus dem Gebüsch brach!

Übermannshoch wucherten überall die Farngewächse. Bäume mit merkwürdig gestelzten Wurzelbeinen standen dazwischen. Überall am Boden breiteten sich Moose mit Orchideen dazwischen aus. Tiefhängende Flechten und Lianen verhingen dunkel den Wald. Nektarvögel standen mit schwirrenden Flügeln in der Luft. Aus weit offenen, blaßvioletten Blüten kamen eklig faule Gerüche. KLeiner-Weg lernte, sie in einem weiten Bogen zu umgehen.

Viel schneller kam der Junge voran, nachdem er endlich den Regenwald hinter sich gelassen hatte. Aber er mußte jetzt auch häufiger stehenbleiben, bis er wieder Luft in die Lungen bekam. Beim Laufen tanzten ihm schwarze Pünktchen vor den Augen. Hier oben in der Höhe hämmerte sein Herz hart. Wenn die Sonne am Himmelsrand verschwand, kam mit dem Wind ein schneidender Frost.

Kleiner-Weg fror jämmerlich. Er hatte nichts, womit er sich gegen die eisigen Bergwinde schützen konnte. Die Kolanüsse hatten ihm bisher geholfen, auszuhalten.

Aber davon hatte er bald keine mehr, und neue fand er nicht.
Die Wurzeln, die der Junge hier mit dem Stock aus dem Boden stocherte, waren meistens zäh und scheußlich bitter. Kleiner-Weg war froh, als er in einem Hochmoor ein Gelege mit Eiern fand, die er ausschlürfte. In der Nachmittagszeit konnte er ein fußlanges, rotbräunliches Nagetier erhaschen, das sich gerade im Boden eingraben wollte. Kleiner-Weg erlegte es, aber das Fleisch war ungenießbar.
In dieser Nacht kamen dem Jungen vor Kälte die Tränen. Umsonst suchte er Wärme im hochwüchsigen Heidekraut, das er zum Schutz gegen den Frost dicht über sich gebogen hatte. Den Boden von seinem Schlafnest hatte er gegen den schneidenden Wind dick mit Moos ausgepolstert. Dennoch fuhr ein kalter Wind mit eisigen Fingern unablässig über seine nackte Haut. Nur kurz fand er Schlaf. Wie nie zuvor erwartete Kleiner-Weg in dieser Nacht die Wärme des Tages.
Als es gegen Morgen dämmerte und er zähneklappernd sein Moosnest verließ, sah er weißen Staub über den Heidekrautbäumen und Schopfblattgewächsen. Ein weißer Staub, der anders war als der Flugstaub im Grasland, der sich in der Trockenzeit rot auf Blättern, Ästen und Gräsern absetzte. Wenn man diesen weißen Bergstaub in die Hand nahm und preßte, lief Wasser daraus hervor. Wo eben noch sein Fuß gestanden hatte, blieb nur ein wenig Feuchtigkeit davon im Moos zurück. Da vergaß Kleiner-Weg vor Freude die Kälte in seinen

Gliedern. Hatte nicht Graubart von diesem weißen Sand an der Grenze ins jenseitige Grasland erzählt? Dann hatte er die Gewißheit, daß es bis dorthin nicht mehr weit sein konnte. Aii-ja, rief Kleiner-Weg und schnalzte glücklich mit der Zunge.

Zwei Sonnen lang war Kleiner-Weg den Gebirgspaß talabwärts in das vor ihm liegende neue Land gewandert. Der Abstieg ins Grasland, der nur durch einen schmalen Streifen Bergurwald führte, war leicht gewesen. Trotzdem war Kleiner-Weg erschöpft, als er den Fuß der Berge erreichte. Er war so müde, daß er im Gehen vor sich hindämmerte. Dankbar empfand er den warmen Wind, der ihm den vertrauten Geruch des frisch-grünen Graslands, das jetzt vor ihm lag, entgegentrug.

Er war am ersten Nachmittag seiner Ankunft dort unten, als er vom Gebüsch einer Wasserstelle aus einen grauen Schatten erspähte, der lautlos einem Wildwechsel folgte. Ein Schimpanse, ein Einzelgänger, hatte Kleiner-Weg gedacht, bis das zottige Wesen zwei Steinwürfe näher gekommen war und dann unvermittelt einen kehligen Ruf ausstieß, den der Junge von den Schimpansen nicht kannte.

In der Hand des seltsamen Wesens baumelte etwas, das von ferne so aussah wie die Frucht eines Affenbrotbaums, aber bedeutend schwerer zu sein schien. Es war eine Waffe. Das sah Kleiner-Weg, als das fremde Wesen ruckartig mit dem ganzen Körper hochschnellte, mit dem Arm ausholte, das Ding in der Hand mehrmals über

den Kopf wirbelte und dann mit einem Schwung blitzartig losließ. Die Waffe traf einen am Rand der Herde grasenden Wasserbock zwischen die Augenringe. Das Tier brach im Stand zusammen. Der Fremde eilte zu ihm und zerrte seine Beute hinter sich her auf den Wildpfad. Ein Mann, ein anderer Mensch war es!
Kleiner-Weg sah es jetzt ganz deutlich, faßte seinen schwarzen Fauststein fester und kroch unhörbar, den grauhaarigen Alten nicht aus den Augen lassend, rückwärts tiefer ins Gebüsch.
Der Fremde weidete den Bock mit ein paar schnellen Bewegungen aus, steckte sich mit seinen großen Händen Innereien in den Mund, kaute laut schmatzend, wobei er ständig prüfend und mit geducktem Nacken um sich schaute. Dann trennte er die Hinterläufe des geschlagenen Tiers vom Rumpf, kam schweren Schritts zur Wasserstelle und trank, den Kopf vornüber gestreckt, saugend mit großen Schlucken, nur zwei Schritt von dem Jungen entfernt.
Kleiner-Weg hätte sich leicht von hinten auf die vornübergebeugte Gestalt werfen können. Aber etwas in seinem Inneren hielt ihn davon ab. Zu lange hatte der Junge kein anderes menschliches Wesen mehr gesehen, seine Seele tat weh vor Einsamkeit. Gebannt von dem Anblick des anderen Menschen lag er zusammengekauert in seinem Versteck, bis der Alte aufstand. Er schulterte seine Beute und verließ den Wasserplatz mit langen Schritten.
Kleiner-Weg wagte nicht, sich blicken zu lassen. Doch er

schaute dem Alten unverwandt nach, bis dieser im dürren Trockengras, das zwischen dem neuaufgeschossenen Grün stand, verschwunden war.
Dann lief der Junge zu den Resten des Tieres. Er fand noch genügend Fleisch, um sich sattzuessen. Er wich erst, als eine Gruppe von gestreiften Schakalen sich heiser bellend zu ihm gesellte und über die Reste hermachte.
Der Junge kehrte zur Wasserstelle zurück, trank, steckte eine Handvoll Blätter in den Mund, kaute, nahm mit beiden Händen Wasser auf und schüttete es sich ins Gesicht.
Immer wieder blickte er über seine Schultern zurück in Erwartung, jeden Augenblick den Fremden wieder im Gras auftauchen zu sehen. Doch ihn selbst drängte es nun, die Spur des Alten zu verfolgen. Wachsam um sich schauend, ging er dem schmalen Wechsel nach, auf dem die Sohlen des beladenen Mannes hier und dort deutliche Druckstellen hinterlassen hatten. Die Spuren endeten nach einiger Zeit in einem Bachbett und waren auf der anderen Seite nicht mehr aufzufinden.
In der Morgenfrühe des nächsten Tages bekam er den grauen Einzelgänger wieder zu Gesicht. Kleiner-Weg folgte ihm in sicherem Fluchtabstand bis zur Zeit der Mittagssonne. Dann verlor er ihn aus den Augen und entdeckte ihn erst wieder, als der Alte über einen Kletterstamm eine steile Felswand hochstieg und dort in einem Felsloch verschwand.
Das mußte also sein Schlafplatz sein. Ein sicherer Platz,

sagte sich Kleiner-Weg. Man konnte sich nicht vorstellen, wie eine Großpfote den Weg nach oben ins Schlafnest finden könnte. Denn der Alte hatte, kurz nachdem er in seiner Höhle verschwand, den schräg gegen die Wand gelegten Sprossenstamm vom Felsen abgestoßen, so daß der Baum ins gegenüberstehende Gehölz fiel. Kleiner-Weg konnte oben am Stamm ein starkes Lianenseil befestigt sehen, das zu dem Alten in die Höhlenwand führte. Damit konnte der Alte den Kletterstamm wieder zu sich heranziehen, wenn er die Höhle verlassen wollte.

Das ist gut gemacht, sagte sich Kleiner-Weg, während sein Blick dem leicht durchhängenden Seil von der Höhle bis zu dem Baum im Gebüsch folgte. Der Mann dort oben war nicht nur ein gefährlicher Jäger, sondern mußte überdies klug sein wie eine Schildkröte.

Es war ihm nicht leicht zu folgen, das merkte Kleiner-Weg in den nächsten Tagen. Hätte er nicht die schnelleren Füße besessen, wäre es ihm unmöglich gewesen, die Wege des Alten auszukundschaften.

In diesen Tagen lernte Kleiner-Weg die Gewohnheiten des Alten immer genauer kennen und bewegte sich zunehmend sorgloser in vermindertem Abstand von ihm. Der Junge hätte sich gern bemerkbar gemacht. Ein unbestimmtes Mißtrauen hielt ihn jedoch zurück.

Nur seine Behendigkeit half ihm schließlich, der furchtbaren Waffe des Zottelmanns zu entgehen. Er konnte sich gerade noch zu Boden fallen lassen, als das tötliche Wurfgeschoß über seinen Rücken hinweg ins Gras schmetterte. Mit einem Satz war Kleiner-Weg wieder auf den Füßen, drehte im Sprung um und schnellte mit solcher Gewalt gegen den erstarrten Gegner, daß beide zu Boden stürzten.

Auf der regennassen Roterde rangen sie ohne Waffen miteinander und versuchten, sich von oben her in den Klammergriff zu bekommen. Beide keuchten in gereiztem Zorn, und Kleiner-Weg wäre dem wuchtigen Körper, der immer wieder über ihn fiel, hoffnungslos unterlegen gewesen, wenn seine Glieder nicht über und über vom Schlamm so schlüpfrig gewesen wären, daß es dem rasenden Mann nicht gelang, ihn in den Griff zu bekommen.

Dann glückte dem Jungen ein heftiger Tritt gegen die stolpernden Beine des Gegners. Im Fall ließ der Alte den Jungen los, schlug zu Boden, und Kleiner-Weg sprang aus seiner Reichweite. Er sah den Wurfstein des Alten neben sich liegen, hob ihn blitzschnell auf und wog die schwere Waffe in der Hand.

Der Alte starrte die Waffe, dann den Jungen an und bleckte mit einem Angstgrinsen die Zähne. Da ließ Kleiner-Weg den Wurfstein fallen, streckte die Hände, mit den offenen Handflächen nach oben, dem Fremden fragend entgegen. Der stand zögernd vom Boden auf, trat vorsichtig einen Schritt näher und berührte unter unverständlich kehligen Lauten die Fingerspitzen des Jungen.

Kleiner-Weg trat zurück und wies mit den Zehen auf den Wurfstein zwischen ihnen und bedeutete dem anderen, daß er seine Waffe aufheben könne. Der Alte bückte sich so schnell, daß Kleiner-Weg schleunigst zwei Schritte zurücksprang. Aber nun hatte sich das Gesicht des Mannes zu einem breiten, freundlichen Grinsen verzogen, und er stieß wieder rauhe, dunkle Geräusche aus, die der Junge zwar nicht verstand, offenbar aber bedeuten sollten, daß der Kampf zwischen ihnen zu Ende war.

Kleiner-Weg nahm seine Fauststeintasche auf, die er beim Stürzen verloren hatte, streifte sie über seinen Arm, legte die Linke auf seine Brust und sagte: Kleiner-Weg, das bin ich!

Er sah es hinter der Stirn des anderen arbeiten. Dann verzog der Alte abermals breit seine Lippen, faßte mit der Hand auf die vor Schlamm starr abstehenden Haarflechten seiner Brust und antwortete: Mensch, das bin ich!

Das war ihr erstes Zusammentreffen.

Kleiner-Weg fürchtete sich nun nicht mehr, abends auf einem der Bäume gegenüber dem Höhleneinstieg von Bor, dem Menschen, sein Schlafnest zu richten. Wenn es sich traf, gingen beide, der Alte und der Junge, zusammen auf die Jagd.

Bor war gewiß uralt. In ihm wohnten sicher die Seelen vieler Ahnen, die vor ihm gewesen waren. Dennoch war sein hüpfender Schritt auf dem Wildpfad ausdauernd und flink. Seine Schleuderkugel verfehlte selten ihr Ziel. Bor hatte ihm erlaubt, die Waffe zu versuchen. Es war ein schwerer, kindskopfgroßer, rundgeschliffener Ge-

röllstein. Um den Stein hatte Bor ein Netz aus Sehnen geflochten, das den Stein gefangenhielt. Das Netz endete in einem armlangen Strick. An ihm ließ Bor das Geschoß erst mehrmals über seinem Kopf kreisen und ließ es dann im Schwung los. Da schoß der Stein mit großer Geschwindigkeit davon, viel weiter, als wenn man ihn aus dem Armgelenk heraus geworfen hätte.
Kleiner-Weg hatte es dem Alten genau nachgemacht. Aber es gelang ihm nicht so gut wie Bor.
Bor verstand auch, an den Wasserstellen niederhörnige Ducker und Böckchen in Schlingen aus frischem Bast zu fangen, die er mit dem Wachs der Bienen gleitend gemacht hatte. Geriet der Kopf eines Tieres in die Fangschlinge, zog diese sich ruckartig zusammen und hielt das Tier fest, bis es darin erstickte.
Kleiner-Weg hatte eine heftige Abneigung gegen diese Schlingen bekommen, seit er zum ersten Mal ein Zebrafohlen zusammengebrochen darunter hatte liegen sehen. Es war noch nicht tot. Bor war nicht in der Nähe gewesen. So hatte Kleiner-Weg seinen Fauststein genommen, die Schlinge mit einem Schlag zerschnitten und sie vorsichtig aus dem verquollenen, eingeschnittenen Hals gelöst. Später war das Fohlen mühsam aufgestanden und war davongestolpert.
Du kränkst sie mit deinen Schlingen, hatte er Bor gesagt. Du läßt die Tiere ersticken in deiner List, und ihre Seele kann ihnen nicht entweichen. Ihr Schatten muß im Gehölz weiterzappeln und kehrt nicht zurück in das Land hinterm Himmelsrand.

Bor hatte als Antwort nur ein paar knurrende Laute von sich gegeben, die Kleiner-Weg nicht verstand. Aber der Junge weigerte sich fortan, Fleisch von erstickten Tieren zu nehmen, wenn beide ihre Beute teilten. Er wollte keinen Anteil an deren Demütigung haben.
Bor hatte ihm schließlich erlaubt, über den Sprossenstamm in die Höhle zu klettern und bei ihm zu nächtigen. Kleiner-Weg schlief in der großen Sicherheit des unzugänglichen Felsens so tief wie lange nicht mehr. Auch die Kälte der anhaltenden Regenzeit konnte ihn hier in der warmen Laubschütte nicht mehr erreichen. Seine Glieder kräftigten sich, und seine Seele erzählte ihm nichts mehr von den Nachtbergen, die die Sonne der Geierleute gefressen hatten.
Mit der Zeit hatte er auch gelernt, sich mit Bor in Worten zu verständigen. Er hatte herausgefunden, daß der Alte zwei Sprachen gebrauchte. Eine, wenn er mit dem Jungen sprach, eine andere, in der Bor offenbar zu den Seelen der Ahnen redete. Wenn er etwas zu dem Jungen sagte, dann sprach der Alte vorn im Mund. Die Ahnensprache dagegen kam ihm mit stöhnenden oder auch mit drohenden Lauten weit hinten aus der Kehle. Anfangs war der Junge nachts davon aufgeschreckt, hatte sich tief in sein Laub gepreßt, wenn er die bösartigen und klagenden Geräusche vernahm, die von Bors Lager kamen. Am Tag hatte Kleiner-Weg bemerkt, wie die Augen Bors dabei weit in die Ferne schauten. Seine Hände griffen dazu manchmal in die Luft, als wehrten sie etwas ab, oder schlugen um sich.

Bors Oberkörper wiegte sich dabei schweratmend über den Lenden. Wirklich, Bor hatte vergessen, wie er hieß, so lange war er mit sich allein gewesen.
Der Junge erfuhr erst allmählich, daß früher hier im Höhlennest ein ganzer Menschenklan gelebt hatte.
Wo sind sie alle geblieben? fragte Kleiner-Weg. Er dachte dabei an seine Leute, die Nestlinge des Geiers, die verschollen waren und deren Schatten selbst nachts nicht zu ihm kamen, um ihn zu grüßen.
Jedesmal, wenn er Bor nach den früheren Zeiten fragte, kratzte sich der Alte am Kopf, oder er verfiel alsbald in jene furchteinflößende Sprache, die der Junge jetzt schon so gut kannte, aber immer noch nicht enträtseln konnte. Einmal hatte sich Bors Stimme dabei zu einem lauten, wilden Schreien gesteigert, Blut war ihm in die Augen geschossen, Speichel war ihm schaumig vor die Lippen getreten, so daß der Junge entsetzt zurückgewichen und hastig den Sprossenstamm hinabgeklettert war.
Kleiner-Weg konnte nicht verstehen, was Bors Klan zugestoßen war. Waren sie tot? Oder waren sie fortgegangen und hatten Bor hier allein zurückgelassen? Wer hatte auf seinem Schlafplatz gelegen, der nun ihn wärmte? Und von wem waren die Zeichen im Inneren der Höhle? Kleine Hände und große Hände, manche verstümmelt, wie die Hand von Jo es gewesen war, linke und rechte Handflächen, gespreizte oder geschlossene Hände, die meisten mit abgewinkelten, die anderen mit angezogenen Daumen. Die meisten Umrisse waren

dunkelblau, vereinzelte aber auch rot und weiß. Und was sollten die vielen blauen Tupferchen bedeuten, die, zwischen Fingern und Händen verstreut, wie blaue Beeren die Wand bedeckten?

Kleiner-Weg hatte Bor auch nach diesen Händen gefragt, hatte ihn sogar am Arm nach hinten gezogen und hatte Auskunft suchend auf die Hände gedeutet. Doch Bor hatte nur finster den Kopf geschüttelt, um dann wieder in seine unverständliche Sprache zu verfallen.

Viele Fragen, keine Antwort.

Nein, Bors Land war nicht das Land hinterm Himmelsrand. Es mußte noch weiter weg hinter einem anderen Himmelsrand liegen. Aber Bors Land war gut zu dem Jungen. Sogar Älteste Schwester war hierher gekommen. Er hatte das Mondgestirn voll Freude willkommen geheißen, als ihn das schwesterliche Gesicht von den Wäldern her erstmals grüßte.

Das frische Gras im Land war jetzt ringsum mannshoch gewachsen, und unzählige Blüten schwammen dazwischen, wie die bunten Fischschwärme im See, den Kleinen-Weg am Rand vom Grasland bei den Nachtbergen entdeckt hatte.

Es war in den ersten Tagen des vollen Monds, daß Kleiner-Weg den Hund Waa zum Freund nahm.

Kleiner-Weg hatte ihn beim Wurzelgraben gefunden. Das schwarzweiß gestreifte Tierchen stand an einem Erdloch und bellte so durchdringend, daß Kleiner-Weg sich vor dem Hundekind ins Gras hockte. Das spannengroße Tier rührte sich nicht vom Erdloch fort, sondern verbellte ihn mit seinem Waa-Waa, als Kleiner-Weg mit der Hand in den Bau fuhr. Das Loch war ausgekühlt. Die Wildhündin war seit der Nacht nicht zurückgekehrt.

Kleiner-Weg legte Waa behutsam einen Finger unter die rundliche Schnauze mit den zarten Barthärchen und kraulte das kleine Tier, das nicht von der Stelle wich. Er wühlte mit dem Grabstock in der Erde, fand im Boden dicke weiße Würmer und versuchte, sie Klein-Waa in die Schnauze zu stecken. Aber das Hundekind weigerte sich, Nahrung anzunehmen. Es war gewohnt, sein Fressen aus den Schnauzen der großen Rudeltiere vorgekaut zu bekommen.

Kleiner-Weg erinnerte sich, wie die Wildhündinnen vorverdautes und gekautes Futter als Fraß für die Jungtiere hervorwürgen. Auch Kleiner-Weg mußte, wenn er zu hastig Fleisch in sich geschlungen hatte, nach längerer Zeit wieder Stücke davon hochwürgen, um sie nochmals gründlich zu verkauen. Jeder Jäger tat das. Denn es war wichtig, vom Fleisch schnell und viel in sich hineinzuschlingen, große Brocken, soviel man nur kriegen konnte, ehe die Hyänen und Schakale dem Menschen die Beute streitig machten.

Also würgte der Junge Reste seiner eigenen Nahrung auf die Handfläche hervor und hielt sie Klein-Waa vor die Schnauze. Der kleine Hund schnupperte aufgeregt und nahm die Nahrung sofort an. Kleiner-Weg fütterte das kleine Tier so lange, bis es nichts mehr aus seiner Hand wollte. Dann richtete er sich aus der Hocke auf.

Nun geh schlafen, sagte Kleiner-Weg und wischte seine Finger im Gras ab. Du hast jetzt genug für den ganzen Tag.
Aber als er wegging, weinte das Hundekind wieder. Der Junge blieb stehen. Er fühlte die hilflose Verlassenheit, die das kleine Tier umgab.
Geh in dein Loch, rief Kleiner-Weg, daß dich nicht die Greifvögel erspähen oder eine Katze dich aufstöbert!
Das Hundekind guckte den Jungen mit seinen runden Augen an und kam zögernd in seine Richtung gelaufen.
Kleiner-Weg kniete sich zu ihm nieder: Rundohrchen, wohin willst du denn? Das Grasland hat viele Feinde, wenn einer allein ist. Du mußt aufpassen!
Klein-Waa stupste ihm mit seiner weichen, feuchten Nase die Hand und bellte wieder Waa-Waa. Nur klang es diesmal nicht mehr so traurig, sondern eher, als wollte der winzige Wildhund mit ihm spielen. Kleiner-Weg kraulte ihm das Bäuchlein, und Klein-Waa rollte sich auf den Rücken, zappelte mit den Vorderpfoten, biß den Jungen zart in die Finger, sprang auf, rannte ein Stück von ihm weg, kam wieder zurückgesprungen und kläffte den Jungen an.
Kleiner-Weg hatte für einen Augenblick alle Wachsamkeit vergessen. Schnell stand er auf, prüfte den Wind, spähte umher. Es war keine Gefahr in der Nähe. Kleiner-Weg schaute auf den Hund, der sich zu seinen Füßen niedergelegt hatte, das Köpfchen über einen der beiden Vorderläufe gelegt. Das Wildhundkind blickte mit schräggestellten Augen zu ihm empor. Kleiner-Weg

bückte sich, hob den Hund auf, öffnete die Flechttasche und steckte ihn hinein. Klein-Waa wehrte sich nicht. Er schnupperte über den Taschenrand, leckte an seinem Arm und stieß mit der stumpfen Schnauze an die nackte Haut seiner Brust.

Waa, der Hund

Waa wurde dem Jungen Freund und Spielgefährte. Waa wärmte ihm auch den Schlafplatz. Kleiner-Weg schlief abends zusammengerollt mit dem Hundekind in seinen Armen ein. Wachte er morgens auf, lag Waa meistens oben an seiner Schulter und hatte die kleine schwarze Schnauze in seine Halsbeuge geschoben. Wenn Kleiner-Weg zu lange schlief, zappelte das Hundekind auf ihm herum, stupste den Jungen mit der Nase wach und verlangte sein Futter.

Waa kannte sich bald überall in der Höhle aus. Sooft Bor weg war, tollten sie beide im Höhlennest herum, jagten einander und spielten zusammen. Kleiner-Weg lernte zu kläffen und zu bellen und zu knurren wie das Hundekind. Er lief auf allen vieren mit dem schwarzweißen Hundeknäuel um die Wette. Sie knurrten sich an, spielten großer und kleiner Hund. Wenn Waa mit seinen Patschpfoten vor ihm stand, den Nacken vorstreckte und den Jungen lauthals verbellte, als wäre Kleiner-Weg ein großer fremder Hund, der hier nichts zu suchen habe, tat Kleiner-Weg verängstigt, zog sich leise winselnd zurück, ging plötzlich wieder zum Angriff über, bellte Klein-Waa herausfordernd an, bis der, sein Schwänzchen mit der weißen Spitze eingezogen, fiepsend hinter sich ging, und dann kugelten sie sich wieder umeinander. Kleiner-Weg ließ sich von den winzigen Hundezähnen beißen und kläffte freundschaftlich zurück.

Manchmal kam Klein-Waa mit hocherhobener Schnauze und einem Fellstreifen zwischen den Zähnen zu ihm gerannt, und der Junge nahm das eine Ende, und beide zogen um die Wette daran. Wenn das Hundekind gewonnen hatte, schlenkerte es seinen Kopf mit dem Fetzen wild umher, verbiß sich darin, trug es wieder dem Jungen an, und das Spiel begann von neuem.

Kleiner-Weg mußte oft schallend darüber lachen, wie Waa sich beim Spiel ereifern konnte und ihn giftig verkläffte, als sei er ein böses Warzenschwein oder ein Schakal, der ihm das Fressen streitig machte.

Du bist ein ganz wilder, großer Hund, flüsterte Kleiner-Weg seinem winzigen Freund zu. Ejeh! Du hast so starke Zähne, daß sie einem Angst machen. Werde nur nicht noch größer, sonst muß ich vor dir davonlaufen! Oder werde groß wie ein Säbelzahntiger, wie ein Höhlenlöwe, dann kannst du mich beschützen, und ich brauche keine Furcht mehr vor den Großpfoten zu haben.

Waa nahm auch bald ganz kleingeschnittenes Fleisch als Futter an. Wenn Kleiner-Weg mit ihm in der Flechttasche zum Wasserplatz ging und sie beide getrunken hatten, schöpfte der Junge mit einem ausgehöhlten Stielkürbis Wasser für das Hundekind, wovon Waa oben in der Höhle trinken konnte. Klein-Waa wurde auch bald ein sauberes Hundekind. Er lernte, sich zu melden, wenn er mit dem Jungen den Sprossenstamm hinunter wollte, um einen Steinwurf weit weg seinen Kot auf einem Erdplatz abzusetzen. Hinterher verscharrte er ihn so gründlich, wie es auch die Menschen tun.

Auch lernte Waa schnell, auf seinen Namen zu hören. Er verstand sogar, wenn Kleiner-Weg ihm sagte: Komm in die Tasche, wir gehen! Draußen ließ Kleiner-Weg das Hundekind springen, wenn er sicher war, daß keine Gefahr drohte und auch kein anderer Wildhund in der Nähe war. Der Junge wollte seinen Freund nicht mehr verlieren. Er nahm Klein-Waa auf den Arm, drückte sein Gesicht ins weiche Fell und flüsterte in die runden Ohren: Wir bleiben zusammen! Für immer, Rundohrchen, ich verspreche es dir. Und du mußt es mir versprechen! Als Antwort fuhr Waa ihm dann mit der pelzigen Zunge ins Gesicht, als hätte er seinen großen Freund ganz genau verstanden.

Kleiner-Weg war enttäuscht, daß Bor, der Alte, sich so abweisend, ja, feindselig gegenüber dem winzigen Tier verhielt. Auch Waa spürte die Abneigung Bors gegen ihn. Er fürchtete dessen schwere Hand. Wenn Bor Klein-Waa zu sich gelockt hatte, faßte er das Tier so hart an, daß Waa vor Unbehagen jaulte und winselte und zappelnd versuchte, sich freizumachen.

Je größer Waa wurde, um so weniger beachtete er den Alten. Wenn ihm aber der Schritt oder die Hand von Bor zu nahe kam, knurrte er mit aufgesträubten Nackenhaaren.

Daß der Hund nicht mit ihnen in der Höhle wohnen solle, hatte Bor dem Jungen gleich am ersten Tag heftig zu verstehen gegeben, als Kleiner-Weg das Hundekind aus der Tragetasche nahm und auf dem Boden im Laub absetzte.

Sie schmecken gut solange sie noch so klein sind, hatte Bor gemeint. Aber warum hast du ihn lebendig mit dir hochgebracht? Ich mag kein frisches Blut hier drinnen, es lockt die Raubkatzen an!
Ich will ihn doch nicht töten, entgegnete Kleiner-Weg. Er soll bei mir bleiben.
Bor hatte ihn ungläubig angesehen: Er soll bei dir bleiben? Hier? Wie meinst du das?
Ich will meinen Schlafplatz mit ihm teilen, antwortete Kleiner-Weg.
Bor streckte angewidert beide Hände von sich: Hier, mit uns im Höhlennest? Menschen wohnen nicht mit Tieren zusammen, das weißt du. Oder habt ihr etwa mit euren Leuten bei den Tieren gelebt?
Nein, sagte Kleiner-Weg. Er hatte das Hundekind an sich gezogen und hielt es fest gegen sein Herz gepreßt: Aber der Hund soll trotzdem bei mir bleiben!
Was werden die Seelen der Ältesten sagen? fragte Bor drohend. Sie werden es nicht mögen, um uns zu sein, wenn sie ein Tier bei uns wohnen sehen. Die Schatten der Ahnen werden uns verlassen, warnte Bor. Und was dann? Hast du das nicht überlegt?
Nein, auf diesen Gedanken war der Junge nicht gekommen.
Er runzelte die Stirn, nahm das Hundeknäuel in beide Hände, hielt es ganz dicht an seine Nase, daß er dem Tierchen gerade in die Augen schauen konnte. Waa drückte seine feuchte Schnauze an die Mundwinkel des Jungen, vielleicht wollte er nochmal zu fressen haben.

Da sagte Kleiner-Weg: Ich fürchte die Ältesten nicht. Waa bleibt bei mir! Wenn es dir nicht gefällt, suche ich für uns beide einen anderen Schlafplatz!
Nein, rief Bor. Du bleibst hier, und der Hund muß fort. So ist es richtig. Ich bin ein Mensch, der da ist ein Tier. Mach dich nicht mit ihm gemein. Feindschaft ist zwischen dem Fleisch der Tiere und unserem Fleisch.
Das glaube ich nicht, antwortete Kleiner-Weg. Alle Tiere, die Bäume, das Wasser vom Himmel, Älteste Schwester und das Sonnengesicht können ohne einander nicht sein. Sie brauchen einander. Warum sollen sie Feinde sein? Sie wohnen alle zusammen zwischen den Himmelsrändern!
Bor lachte und hielt ihm mit ausgestrecktem Arm die baumelnde furchtbare Schleuderkugel entgegen: Und was ist das? rief er. Wir töten die Tiere, wir nehmen ihr Fleisch, wir rauben es ihnen. Ich lasse ihre Seelen am Wasserloch ersticken. Nein, Junge, wir haben nichts mit ihnen gemeinsam! Darum nehmen wir ihnen ihr Fleisch.
Es ist anders, als du sagst, beharrte Kleiner-Weg. Wir nehmen uns nicht ihr Fleisch, wir rauben es ihnen nicht, sondern sie lassen es uns. Sie geben es uns für den Hunger. Und wenn wir ihnen sagen, daß es uns leid tut, daß es nur der Hunger, aber keine Feindschaft ist, dann hören uns ihre Schatten und flattern fort in das Land hinterm Himmelsrand.
Genau, sagte Bor. Aber dann kommen sie wieder! Du gehst auf dem Jagdpfad, und aus dem Sumpfschilf springt dich der Warzenschweineber an, wirft dich mit

den Hauern in die Luft und zertritt dich mit seinen Füßen. Warum? Weil du ihn früher gejagt hast und seine Seele ins andere Grasland schicktest.
Du sagst es, antwortet Kleiner-Weg. Aber es ist anders, wenn du ihre Seelen nicht kränkst, wenn kein Haß in dir gegen sie ist.
Nein, nein, schrie der Alte. Tier ist Tier. Kein Tier mag den Menschen. Haß ist zwischen uns! Hörst du? Haß und Feindschaft! Was meinst du, warum ich ihre Seelen in der Schlinge fange? Damit sie nicht wiederkehren! Und was meinst du, warum ich den Schleuderstein wie einen Blitz auf sie werfe, daß selbst der Büffel zwischen seinen Hörnern getroffen mit einem Schlag zusammensinkt? Weißt du es? rief Bor drohend. Ich tue es, damit seine gelähmte Seele vor Schreck nicht mehr fortfliegen kann und auch nicht mehr wiederkehrt!
Du hast sicher nicht recht, wenn du das tust, sagte Kleiner-Weg. Schon deine Worte beleidigen die Schatten der Tiere.
Doch, doch, widersprach Bor, ließ den Schleuderstein fallen und kreuzte die Arme über der Brust. Ich habe recht, nicht du. Kein Tier mag den Menschen!
Vielleicht mögen sie dich nicht, antwortete der Junge ruhig. Das ist verständlich. Wie sollen sie dich mögen, wenn du ihnen neben dem Fleisch auch noch versuchst, die Seele zu nehmen? – Aber du magst mich, Waa, sagte Kleiner-Weg, zog den Hund an sein Gesicht und sah ihm in die runden, schwarzen Augen. Du magst mich, und ich mag dich. Ich halte meine Hand über dich!

Er wird dir den Bauch aufreißen, das wird er! knurrte der Alte in der Ecke. Ja, das wird er! Er wird deine Eingeweide verschlingen. So tun sie das. Hast du noch nicht gesehen, wie ein Wildhundrudel die schnellfüßige Antilope hetzt, wie sie ihr zwischen den flüchtenden Beinen den Bauch auffetzen und ihr Gedärm verschlingen?

Nichts wird er mir tun, entgegnete der Junge bestimmt. Wir werden Freunde sein. Wir werden zusammen jagen, wenn wir Hunger haben, und zusammen werden wir uns die Beute teilen.

Kleiner-Weg hatte Bor, den Menschen, sitzenlassen und war den Sprossenstamm hinabgestiegen.

An diesem Abend hatte er sich mit dem Hundekind in einem Baumnest schlafen gelegt. Aber am anderen Morgen hatte der Alte unten gegen den Schlafbaum getrommelt und nach ihm gerufen.

Junge, rief Bor den Baum hinauf, kalt ist es mir, wenn dein Schlafplatz leer ist. Komm zurück! Geh nicht fort.

Kleiner-Weg stieg zu dem Alten hinunter, und Bor tat, als sähe er das Bündelchen, das mit seiner Schnauze neugierig aus der Flechttasche schaute, überhaupt nicht.

Bor blieb freilich bei seiner Meinung, daß Tiere und Menschen nichts miteinander zu schaffen hätten. Als Kleiner-Weg einige Wochen später fiebrig erkrankte, sein Körper glühte und schmerzhafter Husten ihn die ganze Nacht geschüttelt hatte, ließ Bor sich nur widerwillig dazu bewegen, auch Klein-Waa Nahrung und Wasser zu geben.

Ich nehme ihn mit, sagte der Alte. Er kann sich im Grasland selbst suchen, was er braucht.
Er wollte dem Jungen Waa aus dem Arm nehmen, aber der hielt den Hund an sich gedrückt und starrte Bor mit zusammengepreßten Lippen an. In seinen Fieberschauern sah er Bor über sich stehen, wie einen Baum im Regenwald, über und über behängt mit grauen Flechten. Undeutlich merkte er, daß Bor verschwand, und als er nach einer Weile erwachte, sah er beruhigt, wie Waa vom Boden neben seinem Lager Wasser schlappte, das der Alte dorthin geschüttet hatte. Ich darf nicht lange hier liegen, dachte Kleiner-Weg und zog Waa wieder zu sich in die Arme.
Doch sein Husten wurde erst wieder besser, als Bor ihm heilkräftige Beeren brachte, die Kleiner-Weg sorgfältig und langsam kaute, bis er spürte, daß ihr starker Saft seinen Hals ruhig machte und die Schmerzen aus der Kehle nahm.
Bor war um ihn besorgt gewesen. Er hatte sich zähnestochernd neben den Jungen gesetzt, der sich im Fieber schüttelte, und er hatte einmal sogar mit sonderbar hoher Stimme einen Sing-sang gesungen, der die Seele des Jungen zurückrief.
Bor brachte ihm Nahrung, die den Jungen wieder kräftigen sollte. Aber Kleiner-Weg wollte aus der Hand von Bor kein Fleisch nehmen, sondern verlangte nach Beeren, die jetzt in großer Fülle unter den Baumhecken wuchsen, Erdbeeren, Himbeeren und rote Bitterbeeren. Einmal brachte ihm Bor sogar süßen Honig. Kleiner-

Weg lächelte vertrauensvoll dem verknitterten, von Bienenstichen aufgetriebenen Gesicht unter den schweren Augenwülsten zu.

Als der Junge kein Fieber mehr hatte, war er erstaunt, wie sehr Waa unterdessen gewachsen war. Sein schwarzweiß gestreiftes Fellhaar verschwand, braunweiße Tupfen zeigten sich, seine Beine standen höher. Der Blick des Hundes war nun sehr aufmerksam.

Eines Tages stand Waa mit hochgereckter Schnauze vor seinem Lager und hielt ihm herausfordernd ein Fellstück entgegen. Er knurrte so lange, bis Kleiner-Weg mit ihm Wir-streiten-uns-um-die-Beute spielte. Bald tollten beide wieder wie früher durch die Höhle.

Mit Bor verstand sich der Junge nun besser. Er war dankbar, daß ihn der Alte während der Krankheit gepflegt und versorgt hatte. Auch die kehligen Gespräche beunruhigten ihn nicht mehr. Er ist zu lange allein mit den Schatten der Ahnen und Ältesten gewesen, sagte sich Kleiner-Weg. Und sie wollen, daß er mit ihnen weiterspricht, auch wenn ich jetzt hier bei ihm bin.

Nur den Hund lehnte Bor noch immer entschieden ab. Wenn ihm Waa beim Spielen zu nahe kam, scheuchte er den Hund mit der Hand fort und rief Verwünschungen aus: Der Blitz soll dich schlagen! Du Namafresser! Das Feuertier soll dich und deine Kinder fressen!

Und wenn Waa Bor anstarrte, fürchtete sich der Alte und sagte: Er hat den Bösen Blick! Er machte mit der Hand ein abwehrendes Schutzzeichen.

Kleiner-Weg beobachtete eines Morgens, als die Sonne

Licht in die Höhle warf, wie Bor vorsichtig sogar dem Schatten von Waa auswich und in einem Augenblick, wo er sich ungesehen glaubte, einen schweren Stein auf den Schatten des Tieres warf.

Dein Klan hatte doch auch ein Schutztier? forschte Kleiner-Weg.

Wie meinst du das? hatte Bor zurückgefragt. Ja, wir haben ein Schutztier!

Welches? wollte der Junge wissen.

Der Alte schaute ihn unruhig an, zögerte und sagte dann: Unser Schutztier ist der Vogelmann, der unsere Seelen in das jenseitige Land bringt.

Siehst du, rief Kleiner-Weg, es ist ein Vogel, und du sagst, daß Tiere und Menschen nichts miteinander zu schaffen haben!

Es ist aber ein Geier, gab Bor ihm zurück.

Ja und, sagte Kleiner-Weg.

Geier sind keine Tiere wie andere Tiere, erklärte Bor, der Mensch. Das solltest du wissen. Oder hast du schon einmal einen toten Geier gesehen? Ich nicht. Und wenn du wirklich auf einen toten Geier stoßen solltest, dann kannst du sicher sein, daß es ein anderes Tier war, das sich sein Federkleid gestohlen hatte und zur Strafe darin verendet ist. Geier, mußt du wissen, sterben nicht!

Kleiner-Weg horchte auf. Meinst du wirklich?

Nein, sie sterben nicht, stellte Bor fest. Es sind keine Tiere, es sind Menschen wie ich. Sie kommen aus dem jenseitigen Land. Du kannst es ja sehen, der Geier ist stärker als alle anderen Tiere. Zum Schluß sitzt er allein über ihrem Gebein, zerbricht ihre Knochen mit gewaltigem Schnabel, frißt ihr Mark und wirft sie umher, wie es ihm gefällt. Geier und Menschen gehören zusammen. Der Himmelsgeier ist der Verbündete des Menschen, sein Freund. Er bespäht für uns die Beute, er weist uns den Weg zu ihr. So ist es.

Ich weiß nicht, ob es so ist, wie du sagst, antwortete Kleiner-Weg. Doch erzählte er dem Alten nichts von seinem Kampf mit dem Himmelsgeier, gegen den er die Hand erhoben, dessen Schnabel er verletzt hatte. Er sagte nur: Ich denke, sie sterben doch!

Aber der Alte hatte sich schon wieder in sein Gemurmel zurückgezogen, dessen Sprache Kleiner-Weg selbst nach so vielen Sonnen und einigen Monden, die er jetzt bei Bor, dem Menschen, wohnte, noch immer nicht verstand.

Elefant auf den Wolken

Mehrere Tage später war Bor abends nicht zu seiner Schlafstätte zurückgekehrt. Die Sonne war fort, und Kleiner-Weg blieb noch lange im Höhlenmund sitzen. Der schrille Lärm der Zikaden plärrte aus dem Grasland zu ihm herüber. Der Junge lauschte angestrengt in die Nacht hinaus, kaute an seinen Nägeln und wartete auf den hüpfenden Schritt des Alten. Schließlich kroch er in seine Laubschütte, ließ jedoch den Sprossenbaum angelehnt an die Felswand stehen. Bor würde, wenn er in der Nacht zurückkehren sollte, so leichter den Weg hinauf finden.

Obwohl er sicher war, daß Waa ihm sofort jede Gefahr melden würde, schlief Kleiner-Weg unruhig. Er wachte mehrmals auf, ging zum Höhleneingang, horchte wieder in die Nacht hinaus.

Nichts regte sich unter den Sternen im Grasland. Nur einmal vernahm er das Schreien von Affen, die am entfernten Waldrand durch die Baumkronen flüchteten. Sonst blieb alles still.

Waa bellte leise im Schlaf. Kleiner-Weg rollte sich zu ihm und versuchte, wieder einzuschlafen.

Als er morgens mit Waa, der jetzt bereits das Gewicht eines ausgewachsenen Jungtieres hatte, die Sprossen hinabstieg, war Bor immer noch nicht zurück. Kleiner-Weg konnte sich nicht vorstellen, daß Bor irgend etwas

zugestoßen sei. Bor, der Mensch, würde sich mit seinem schweren Schleuderstein gegen jedes angreifende Tier verteidigen können. Es sei denn, er hätte sich einen Arm oder gar einen Fuß verletzt oder gebrochen. Dann allerdings sähe es ernst für ihn aus.
Also beschloß Kleiner-Weg, zusammen mit Waa, die gewohnten Wege des Graubehaarten abzugehen. Der Hund sprang wie meistens voran, rannte mit der Nase am Boden die Fährten ab, hetzte durch die Sträucher und das hohe Gras, kam aber zurück, wenn Kleiner-Weg ihn rief, und lief dann für eine Weile vor seinen Fußzehen her.
Soviel Kleiner-Weg auch suchte, von Bor fand er keine Spur. Kleiner-Weg verbrachte abermals zwischen Schlafen und Wachen eine ruhelose Nacht in der Höhle.
Bei Sonnenaufgang ging er in die andere Richtung auf die Suche nach Bor. Er kannte die Wege im neuen Grasland beinahe schon so gut wie früher die Jägerpfade unter den Nachtbergen. Der Junge streifte bis zum Fuß des Regenwaldgebirges, nächtigte mit Waa in einem Schlafnest und kehrte wieder um.
Die Sonne war schon verschwunden, und die Nacht kam aus den Büschen gekrochen, als er endlich wieder beim Kletterstamm an der Felswand war. Erleichtert hörte er oben in der Höhle rauhe Laute, wie sie nur von Bor stammen konnten. Bor mußte also im Laufe des Tages zurückgekommen sein.
Der Junge gab es jedoch bald auf, den Alten zu fragen, wo er gewesen sei. Bor antwortete nicht einmal, als

Kleiner-Weg ihn fragte, ob er sich verletzt habe. Ob er krank sei? Ob er Hunger habe? Bor knurrte nur irgend etwas vor sich hin, und Kleiner-Weg legte sich mit unguten Gefühlen schlafen. Er schloß Waa fest in die Arme und flüsterte: Was ist mit ihm, Waa? Warum redet er nicht?

Am nächsten Morgen konnte Kleiner-Weg feststellen, daß Bor offenbar nichts fehlte. Jedenfalls konnte er nichts Ungewöhnliches an dem Alten entdecken, er schien ganz so zu sein wie sonst auch. Nur sprach er nicht. Wenigstens nicht in der Menschensprache. Er ächzte, wiegte sich in den Hüften und war mit den Augen weit weg. Es schien, als bemerke er den Jungen und Waa überhaupt nicht.

Kleiner-Weg sprach ihn mehrmals an, ja, er faßte Bor sogar an den Schultern. Doch der Alte schob unwirsch die Hand des Jungen von sich und sah ihn mit leeren Augen an.

Bis in die Zeit der Abendschatten blieb Bor so in der Höhle sitzen. Nur einige Beeren steckte er ab und zu in seinen Mund.

Kleiner-Weg folgte ihm besorgt, als er zum Wasserloch ging.

Bor ging mit dem gleichen hüpfenden Schritt, wie stets etwas vornübergebeugt, mit pendelnden Armen an das Wasser und kehrte mit halboffenen Augen über den Sprossenstamm zum Schlafnest zurück.

Etwas Unheimliches, ja, Bedrohliches, was Kleiner-Weg nie an ihm gespürt hatte, ging von dem schweigenden Mann aus. Das Gesicht und die Menschenstimme von Bor kehrten erst zwei Sonnenläufe später zu ihm zurück. Er hatte in der ganzen Zwischenzeit keine andere Nahrung zu sich genommen als die bläulichen Beeren, die er sich wohl von unterwegs mitgebracht hatte.

Es mußten diese Beeren sein! Davon war Kleiner-Weg schließlich überzeugt. Er hatte sich geräuschlos an Bor herangeschlichen, hatte ihm unter der Hand den restlichen Vorrat von den kleinen Früchten entwendet und die Beeren zertreten.

Unter der neuen Sonne blickten die Augen von Bor wieder klarer.

Du warst lange weg, sagte der Junge.

Ich habe die Kraft der blauen Beere gegessen, antwortete Bor. Er schaute den Jungen, der nicht zu begreifen schien, fragend an: Du kennst ihre Kraft nicht?

Nein, aber was ist es für eine Kraft? wollte Kleiner-Weg wissen. Du bist lange weggewesen, und dann hast du hier gehockt und hast nur gestöhnt und nichts mehr gesagt, zwei Sonnen lang. Wo bist du gewesen?

Weißt du es nicht? fragte Bor. Mit der Kraft der Beeren bin ich geflogen und hierher zurückgekommen. Hast du mich zurückkehren sehen?

Nein, aber Waa und ich, wir haben nach dir gesucht, antwortete der Junge.

Und, habt ihr mich gefunden? forschte Bor.

Nein, sagte Kleiner-Weg.

So ist es, bestätigte der Alte. Er nickte heftig mit dem

Kopf. Wie solltet ihr mich auch finden? Die blauen Beeren sind wie Elefanten so stark, daß du fortfliegen mußt! Pjii-uh, wie findest du das, Junge! Und was du alles siehst! Als hättest du all ihre Augen auf einmal im Kopf! Dabei wies Bor auf den Felssturz über sich, wo die Fledermäuse tagsüber in gelbbraunen Klumpen mit herunterhängenden Köpfen schliefen.
Was siehst du, wenn du die blaue Beere ißt? fragte Kleiner-Weg unsicher.
Bor rollte die Augen. Es ist schön, krächzte er im Flüsterton, ah, wie schön! Es macht dich riesenhaft groß! Oder aber, du denkst, es zerquetscht dich, daß du nicht mehr weißt, wohin mit dir, es macht dich fertig, du gehst ein und wirst klein, dein Herz rast, als wollte es wegspringen, nein, du kannst es vorher nicht wissen, was es mit dir macht, wenn es über dich kommt. Wenn es dich richtig hat, dann fliegst du mit dem Donner über das Grasland! Es packt dich, du kannst nicht mehr, du hältst es länger nicht aus, keinen Augenblick. Du springst auseinander, es zerreißt dich. Ja, genau, so ist es. Aber das ist schön, ah, so schön, es soll nicht aufhören. Niemals, hörst du? Du willst, es soll weitergehen, immerzu, du möchtest mehr, immer mehr. Du gehst mit der Kraft des Elefanten über die Wolken!
Bei den haspelnden Worten des zottigen Alten war ein steigendes Unbehagen, ein regelrechter Widerwille über den Jungen gekommen. Es zog ihm den Magen zusammen. Ihm wurde übel.
Bor sprach noch schneller und immer erregter. Kleine

Speichelfäden rannen aus seinen Mundwinkeln. Er versuchte, den Jungen an sich zu ziehen: Tief im Wald mußt du sie suchen, Junge. Sie verstecken sich, aber ich weiß den Weg! Soll ich ihn dir verraten? Komm ganz dicht an meinen Mund, ich will es dir sagen. Du möchtest doch? Du willst sie doch, die Kraft der Beere, oder?

Bor faßte mit den blaugefärbten Händen nach dem widerstrebenden Kopf des Jungen: Ich komme mit dir. Du gehörst zu mir! Ich zeige dir das Versteck der blauen Beere, zischte er ihm mit übelriechendem Mund direkt ins Gesicht.

Kleiner-Weg riß sich los, sprang auf und blickte auf Bor hinunter, der ihn mit flachen, glänzenden Augen anstarrte.

Nein, ich will deinen Weg nicht wissen, sagte Kleiner-Weg.

Er bückte sich, nahm Waa unter den Arm, zog den Sprossenstamm aus dem Gebüsch, stieg hinab und rannte, so schnell er konnte, ins Grasland hinaus.

Waa blieb ihm mit heiserem Kläffen an den Fersen.

Das ist eine schlechte Kraft, dachte Kleiner-Weg, die den Menschen glauben läßt, mit Elefantenkraft über die Wolken zu gehen, wenn er dabei so jämmerlich dahockt wie Bor, ächzend und mit verdrehten Augen.

Kleiner-Weg blieb mitten mit Lauf stehen und fing Waa auf, der an ihm hochsprang. Er preßte seine Backe an die Hundeschnauze.

Vor Widerwillen und Zorn standen Tränen in seinen Augen. Nein, sagte er, du mußt keine Angst haben! Ich fliege nicht fort. Wir beide haben einen Bund, und den halte ich auch.

Waas Zunge fuhr ihm zärtlich hinters Ohr. Kleiner-Weg wischte sich erleichtert die Augen. Es ist gut, Waa, sagte er endlich. Komm, wir wollen weiter.

Von da an war Kleiner-Weg entschlossen, nicht mehr länger bei Bor zu bleiben. Aber er wußte auch, daß er nicht einfach fortgehen konnte, um sich wieder einen Schlafbaum zu suchen. Solange er in Bors Grasland blieb, mußte er in beständiger Furcht vor dem unberechenbaren Alten leben. Vor seinem drohenden Wurfstein würde er hier nirgends sicher sein.

So kehrte Kleiner-Weg bei Einbruch der Dunkelheit niedergeschlagen zur Höhle über dem Sprossenstamm zurück. Er begann, das alles zu hassen: die Hinterlist von Bor mit den Schlingen an der Wasserstelle und den gefangenen tödlichen Stein im Netz! Jetzt war ihm sogar die Sicherheit des Schlafplatzes zuwider, den er mit Bor teilte. Was würde geschehen, wenn der Alte heimlich die Höhle verließ und den Sprossenstamm niederlegte? Wie kam er dann wieder heraus? Unten lag schottriges Gestein. Er konnte springen, aber ob er mit heilen Gliedern unten am Boden ankam? Noch dazu mit Waa auf dem Arm?

All das legte sich wie eine Last auf seinen Atem. Und es wurde dadurch nur noch schlimmer, daß jetzt in den Nächten die Schatten der Geierleute zu ihm kamen. Sie hatten ihn wiedergefunden. Sie redeten zu ihm von den früheren Tagen und zeigten ihm die Höhle im Grasland

bei den Nachtbergen. Kleiner-Weg sah sich wieder als kleiner Junge dort sitzen.
Jo mit der Stummelhand zeigte ihm, wie man eine Flechttasche macht. Und Ma legte die fertige Tasche in den Saft zerquetschter Beeren und färbte sie leuchtend rot. Kleiner-Weg sah sich, wie er vor Freude in die Hände klatschte. Jo hatte ihn auf den Schoß genommen und spielte mit ihm Du-bist-mein-kleines-Äffchen! Er durfte überall auf dem großen Jäger herumklettern, ihm den Haarschopf zausen und konnte unter Jos Beine kriechen. Im Spaß bleckte Jo die Zähne. Kleiner-Weg tat, als fürchte er sich und lief zu den anderen Kindern. Dann ging er auf den Wegen der vergangenen Tage mit Geiermann zum Sumpf hinter den Felsen.
Kleiner-Weg fand dort die leuchtenden Federn des Kronenkranichs.
Die Geierleute kamen jede Nacht zu ihm, nahmen seine Seele mit ins heimatliche Grasland und zeigten ihr die Schatten der verlorenen Dinge. Morgens, beim Aufwachen, mußte Kleiner-Weg mit Gewalt seine Seele zurückholen.
Tiefe Niedergeschlagenheit, Heimweh und Sehnsucht überkamen ihn. Dazu bedrückte ihn die Angst, der Himmelsgeier werde seine Seele erhaschen, wenn sie im Schlaf ins Grasland bei den Nachtbergen zurückkehrte. Sein Trost war Waa. Ihm vertraute er flüsternd seine Ängste und Erinnerungen an.
Sein Verhältnis zu Bor hatte sich seither wieder etwas gebessert. Sie gingen zusammen auf die Jagd und zur

Wasserstelle, gruben saftige Eßwurzeln aus und hängten sie zum Trocknen an den Wänden der Höhle auf. Bor wies ihm heilkräftige Pflanzen, die das Fieber vertreiben, und zeigte ihm Blätter, die man gegen den Durchfall kaut. Trotzdem blieb die Erinnerung an den Morgen, als er den Alten von sich gestoßen hatte und fortgelaufen war. Ab und zu fing Kleiner-Weg einen prüfenden Blick des Alten auf, der ihn verstohlen musterte, wenn er mit seiner Seele unterwegs war, um irgendwo hinter den Himmelsrändern nach einer neuen Heimat zu suchen.

Kleiner-Weg sprach nicht mit Bor über seine Pläne. Er wußte, der Alte würde ihn nicht einfach wieder fortgehen lassen. So behielt der Junge seine Gedanken bei sich im Inneren. Sein Entschluß jedoch stand fest. Sie mußten weg. Waa und er konnten nicht bei der Höhle über dem Kletterbaum bleiben.

Du wirst mich beschützen, sagte der Junge zu Waa. Dann gehen wir zusammen. Wir suchen uns ein besseres Land. Vielleicht finden wir sogar Menschen und einen Wohnklan, der uns aufnimmt. Aber es müssen Leute sein, die keinen Stein auf deinen Schatten werfen.

Was die Alten sagten

Als der Geier zum ersten Mal kam, fuhr Kleiner-Weg so wild aus dem Schlaf hoch, daß Waa mitten in der Nacht wütend anschlug. Der Junge keuchte, rang nach Luft und spürte unter der Nachtkühle den Schweiß im Gesicht.

Erst waren die Schatten von Geiermann, von Jo und den anderen zu ihm gekommen, und jetzt hatte auch der schwarze Riesenvogel seinen Schlafplatz über dem Sprossenbaum gefunden. Kleiner-Weg hatte ihn erst als winzigen Punkt am Himmel stehen sehen. Aber er wußte sofort, daß es der Himmelsvogel war. Der Geier war immer näher gekommen. Den blauroten nackten Hals vorgestreckt, wurde seine Gestalt größer. Die Flügel verdeckten den ganzen Himmel. Dann hatte sich das Riesentier schwer auf seiner Brust abgesetzt. Kleiner-Weg konnte sich nicht mehr rühren. Sein Körper klebte am Boden unter den scharfzehigen Füßen. Der Vogel näherte seine stechenden Augen dem Gesicht des Jungen so weit, daß Kleiner-Weg deutlich die herausgeschlagene Kante am Schnabel sah. Dann war die Stimme von Geiermann gekommen. Kleiner-Weg konnte ihn deutlich erkennen, obwohl Geiermann hinter seinem Kopf stand. Er sah, wie Geiermann, in den Knien auf- und niedergehend, die Arme hob und senkte, mit dem Kopf vor- und wieder zurückfuhr und den Vogeltanz

vollführte wie früher vor der Höhle am Felsbach, wenn er vor einer Jagd das Geleit des Geiers beschwor.
Du darfst ihm nichts tun, sagte Geiermann mit flatternden Armen zu dem Vogel auf der Brust des Jungen. Er gehört zu uns. Zum Klan der Geierleute.
Der Vogel zischte: Dieser hier gehört mir. Er hat meine Kraft berührt. Er hat seine Hand gegen mich erhoben!
Hilf mir, Geiermann, hilf mir! flehte Kleiner-Weg. Errette mich vor meinem Feind. Erhebe deinen starken Arm gegen meinen Peiniger, komm, erlöse mich von ihm!
Doch Geiermann hatte den Jungen nur traurig angesehen.
Kleiner-Weg hörte Stimmen, Stimmen, so viele wie Sandkörner, die der Sturm peitscht. Sie wurden stärker, schnitten in seine Ohren, Stimmen wie spitze Zähne, sie kamen schrill auf ihn zu, faßten nach seiner Seele, die sich voll Angst in der Brust zusammengezogen hatte, die Stimmen der Schatten, die mit dem Geier flogen und den Jungen verklagten.
Der Geier hob seinen schrecklichen Kopf, Speichel sprühte von seiner Zunge. Als Kleiner-Weg den ersten Schnabelhieb unter der Brust spürte, fuhr er auf.
Schluchzend zog er Waa, den Hund, an seine Brust, streichelte ihm heftig das Fell, hob seinen Kopf und blickte durch den Höhlenmund hinaus in die Nacht, die von einem leuchtenden Sternenhimmel blaß erhellt war. Sein Gehör suchte angestrengt nach dem klappenden Flügelschlag des entschwundenen Vogels. Aber Klei-

ner-Weg vernahm nur das ruhige, gleichmäßige Atmen von Bor an der anderen Seite der Höhle, und er spürte den Luftzug einer Fledermaus, die dicht über seinen Kopf hinwegstrich.

Die Unruhe des Jungen mußte sich auf Waa übertragen haben; denn der Hund lief schnuppernd umher und kam erst wieder, als Kleiner-Weg ihn leise an sein Lager rief.

Es dauerte lange, bis er wieder einschlafen konnte. Kleiner-Weg fürchtete sich, seine Seele wieder gehenzulassen. Er hielt sie fest in sich verschlossen, bis der Schlaf endlich seine Glieder löste.

Die Nächte waren voller Alpträume. Auch tagsüber, im Grasland, meinte der Junge, den lauernden Schatten des Vogels über sich zu spüren.

Kleiner-Weg mied jeden Platz, auf dem Geier sich bei einem Aas sammelten. Er suchte seine Pfade am liebsten so, daß er dabei seinen Schatten vor den Zehen oder seitlich im Auge behalten konnte. Wenn er mit seinem Schatten hinter sich gehen mußte, dreht er sich unterwegs ruckartig um, weil er fürchtete, der Schatten des Geiers könne über den seinen fallen. Zu Waa sagte er: Du mußt wachsam sein! Der Geier will meinen Schatten holen, paß auf, wenn du ihn siehst! Er bückte sich nieder, wenn er in der Ferne die Totenvögel kreisen sah, faßte den Kopf des Hundes und wies auf die Vögel: Da sind sie, Waa, du mußt aufpassen, daß sie nicht über mich kommen!

Waa merkte die Traurigkeit des Jungen. Einige Male gelang es ihm, den Jungen zum Spielen zu bringen. Dann tollten beide herum, liefen um die Wette, oder Waa brachte mit erhobener Schnauze einen Stock und knurrte zärtlich, wenn ihm Kleiner-Weg sachte das Holz zwischen den Zähnen hervorziehen wollte.

Auch Bor konnte das veränderte Wesen des Jungen nicht entgangen sein. Aber er sprach ihn nicht darauf an. Kleiner-Weg faßte auch nicht den Mut, seine nächtlichen Schrecken Bor, dem Alten, mitzuteilen.

Der Geier kam jede Nacht mit den Stimmen unter seinen schwarzen Flügeln. Jedesmal mußte Kleiner-Weg den schwarzen Punkt anstarren, der aus der Ferne auf ihn herabschwebte, größer wurde und den Druck auf seiner Brust vermehrte, bis das Tier mit einem letzten Flattern unter seinem Herzen aufsetzte.

Anfangs hatte Geiermann jedesmal hinter seinem Kopf gestanden, und Kleiner-Weg konnte ihn wenigstens um Hilfe rufen. Aber die Gestalt von Geiermann entfernte sich immer weiter von ihm, wurde kleiner und blasser, bis Geiermann dann überhaupt nicht mehr wiederkehrte und Kleiner-Weg nun Nacht für Nacht allein dem Tier und seinem hakigen Schnabel ausgesetzt war.

Tagsüber suchte Kleiner-Weg Ma mit seinen Gedanken. Er bat sie, ihm in der Nacht beizustehen. Manchmal war ihr Gesicht seinen Gedanken so nahe, daß er ruhig wurde. Aber nachts kam Ma nicht. Nachts war er allein dem Vogel ausgeliefert.

Er mußte zusehen, wie der Himmelsgeier schnarrend über das brandschwarze Grasland zu Mas Grab, dem Steinhügel, gelaufen kam und mit zornigen Flügelschlä-

gen den Steinen befahl zu verschwinden. Kleiner-Weg hatte die zerstreuten Steine wieder und wieder zusammengesucht, sie abermals aufgeschichtet, bis sich die Steinbrocken unter dem Gegicker des hüpfenden Geiers schließlich in übelriechende, schwarzviolette Blüten verwandelten, deren Atem so durchdringend widerlich war, daß Kleiner-Weg sich heftig am Erdboden erbrechen mußte.

Als der Junge erwachte, fand er sich in den Armen von Bor. Der Alte hielt seinen würgenden Körper, stützte ihm den Kopf mit der Hand und redete beruhigend auf ihn ein: Junge, sagte er besorgt, ein reißendes Tier nagt an deinen Därmen. Es preßt dir den Magen ab. Ich will gehen und dir ein Kraut holen. Seine Blätter werden dir den Schmerz aus dem Bauch vertreiben.

Nein, schrie Kleiner-Weg und preßte sich an den Alten. Bleib hier, Bor, geh nicht fort!

Kleiner-Weg hatte oft Widerwillen gegen die körperliche Nähe von Bor gespürt. Jetzt aber schlang er die Arme um ihn. Was war das Beunruhigende, Rätselhafte und Abstoßende von Bor gegen die nächtlichen Schrekken vom Geier! Nein, rief Kleiner-Weg noch einmal, geh nicht fort, Kräuter helfen nicht gegen den, der mir auf der Brust sitzt und mein Leben verzehrt.

Wovon redest du, Junge? fragte Bor und stutzte. Wer beschwert deine Brust?

Da erzählte ihm Kleiner-Weg von seinem Weg durch das verbrannte Land, er erzählte von seiner Mutter, berichtete von dem flügelschlagenden Geier, von den

Stimmen in der Nacht. Stoßweise legte er Bor seine ganzen Ängste bloß.
Bor war dabei immer weiter von ihm abgerückt. Als Kleiner-Weg geendet hatte, stand Bor über ihm und sagte: Einen übermächtigen Feind hast du dir geschaffen. Wie willst du vor ihm bestehen? Weißt du nicht, wer dieser Vogel ist?
Der Alte holte tief Luft und fuhr dann fort: Höre, ich will dir sagen, was ich selbst aus dem Mund der Alten und Uralten vernommen habe.
Bor setzte sich in deutlichem Abstand von dem Jungen nieder und begann mit halbgeschlossenen Augen und leiernder Stimme zu erzählen:
Am Anfang war das Erdreich überall eben. Platt und glatt. Da erhob sich das Land, um mit dem Himmel zu reden. Als die Erde wieder den Himmel verließ, kam sie nicht überall gleich bis zu ihrem Schlafnest zurück. Was von ihr noch auf dem Weg war, das legte sich unterwegs zur Ruhe und vollendete seinen Abstieg aus der Höhe nicht. Es blieb, wo es war, und so wurden die Berge und so wurden die Hügel der Erde und so wurde der Himmelsrand.
Viele Menschen lebten damals im Grasland. Sie waren zahlreich wie die Blätter eines Boababs am Ende der Regenzeit. Die Bäuche der Menschen waren rund, warm und dick; denn Hunger kannten sie nicht. In ihren Seelen wohnte keine Angst. Tag und Nacht leuchtete ihnen die Sonne. Finsternis gab es nicht unter den Himmeln, bis Schlangenhals, der Himmelsgeier, sich

erhob. Seine Schwingen verdunkelten die Sonne und sein aufgesperrter Schnabel war so gewaltig, daß er damit Nashörner, Flußpferde und Elefanten verschlang. Der Geier flog über das Grasland und verzehrte Menschen und Tiere, die Sonne und die wimmelnden Fische der Wasser und Bäche.

Ohne den Alten zu unterbrechen und ohne dazwischenzufragen, folgte Kleiner-Weg den Worten von Bor, der ihm das geheime Wissen der Alten mit halb singender Stimme offenbarte. Es war ihm, als ob er als Kind schon einmal die Geschichte des Anfangs vernommen hätte, die Geschichte des Riesenvogels, der Schlangenhals heißt.

Nur eine Frau, berichtete Bor, war allein übriggeblieben. Sie hatte sich im Wald in einem hohlen Baum versteckt. Der Geier konnte sie nicht erreichen und verfolgen; denn er hatte sich übermäßig dick gefressen. Die Frau aber wartete auf die Kindeswehen. Als sie mit einem Kind niederkam, war es ein Mädchen. Die Frau erkannte, daß dieses Mädchen ein besonderes Kind war. Gerade abgenabelt, hatte das Mädchen schon den Mund voller Zähne, und es kannte die Worte der Menschen und der Tiere, der Wasser und der Bäume. Als das Mädchen heranwuchs, schlug es sich einen Faustsein, und mit dem Faustsein spitzte es einen Speer, und mit dem Speer zog es durch den Wald, und es fürchtete sich vor nichts unter den Wolken. Da fand das Mädchen eines Tages die leerstehende Höhle der Menschen. Es fragte die Mutter, wer darin geschlafen habe. Da nannte ihm die Mutter das furchtbare Unglück, das über das Grasland und alle seine Bewohner gekommen war. Sie warnte das Mädchen: Paß auf, daß dich nicht der Schlangenhals findet! Aber das Mädchen nahm den Fauststein und den Speer und ging, um Schlangenhals zu suchen und mit ihm zu kämpfen.

Ja, rief Kleiner-Weg. Jetzt habe ich sie erkannt. Das ist die Älteste Schwester, von der du erzählst. Ja, es war Älteste Schwester, sie hat das Scheusal erlegt.

Höre, aber schweige, knurrte der Alte unwirsch. Sie hat den Geier nicht getötet. Es war so: Eines Tages sah das Mädchen etwas langes Schwarzes vor sich liegen. Es ging bis an das eine Ende und fand dort den dicken, vollgeschlungenen Leib des Geiers. Der Bauch von Schlangenhals war so schwer, daß der Vogel sich nicht mehr auf den Beinen halten konnte und sich zum Schlafen auf die Erde der Menschen legen mußte. Das Mädchen ging bis ans andere Ende. Dort fand es den Kopf des Himmelvogels, der auf dem Boden ruhte. Da machte es sein Herz fest wie einen Fauststein. Es faßte den Speer und rief: Hier bin ich, der Mensch, der über dir steht.

Vergeblich versuchte der Geier, auf die Füße zu kommen. Er konnte nicht einmal seinen Kopf vom Boden erheben. Tu es nicht, rief er dem Mädchen zu, das mit seinem Speer ausholte. Tu es nicht, und ich will tun, was du willst! Nein, antwortete das Mädchen, auf deine Stimme höre ich nicht, ich traue ihr nicht, wer weiß, was du Böses planst. Abermals erhob es den Speer. Tu es nicht! Wiederholte der Geier. Jetzt sehe ich, wie klug du bist. Ich will vor dir ausspeien, was ich in meinem Leibe habe, ich will sie herausgeben, die Menschen und Tiere, die Sonne, die Früchte des Landes und die wimmelnden Schwärme der Fische, alles, was ich in mir habe! Verschone mich! Ich will mit dir einen Bund machen. Ich will nicht mehr lebendiges Fleisch von Menschen oder Tieren verschlingen. Ich will den Menschen zu seiner Beute führen, und er wird sie mit mir teilen. Aber der menschliche Leichnam soll mir gehören, und eure Seelen will ich an meine Flügel heften! Dann spie Schlangenhals das Verschlungene wieder hervor, die Steppe bevölkerte sich wie vordem, die Menschen kehrten zurück in ihre Höhle, und der Geier flog auf und davon.

Sag, rief Kleiner-Weg mit verhaltenem Atem, was aber wurde mit dem Mädchen? Was wurde mit Ältester Schwester? Warum leuchtet sie uns als Mond in der Nacht?

Es tagte bereits, und zum ersten Mal schaute Bor dem Jungen gerade ins Gesicht. Es war, als wollte er etwas für sich behalten, das Geheimnis der Alten nicht ganz mit ihm teilen. Bor schwieg lange. Kleiner-Weg sah, wie er sich mit seinem Herzen besprechen mußte.

Also, höre weiter, sagte Bor dann. Als das Mädchen zu der Höhle der Menschen kam, fiel ihre ganze Sippe über sie her. Nachts, neben ihrem Schlafgras, hat man sie erschlagen. Deswegen stehen nachts am Himmel die Sterne. Es sind ihre Tränen. Du kannst sehen, wie sie heute noch manchmal hinab aufs Grasland fallen.

Und warum? fragte Kleiner-Weg leise. Warum haben die Menschen ihre Älteste Schwester erschlagen?
Nun, du mußt wissen, es war doch Nacht, antwortete Bor, als das Mädchen die Höhle der Menschen erreichte. Die Menschen fürchteten sich vor den Stimmen des Graslandes, vor dem schleichenden Gang des Leoparden in der Finsternis. Sie waren in Angst vor dem Löwenweibchen, das im Dunkel die Krallen schärft. Denn, siehst du, der Geier hatte das Mädchen doch betrogen! Etwas hatte er für sich behalten. Nämlich die andere Hälfte der Sonne, die den Menschen bisher in der Nacht leuchtete. Darum waren sie zornig auf das Mädchen. Sie dachten, das Mädchen habe sie bestohlen! Deswegen haben sie Älteste Schwester erschlagen.
Ich verstehe es, sagte Kleiner-Weg. So muß es gewesen sein. Aber Älteste Schwester hat ihnen das Böse verziehen. Sie muß sehr gut sein, unsere Schwester. Denn sie zeigt in der Nacht den Menschen ihr Gesicht, leuchtet zwischen den Sternen über dem Grasland und erneuert mit Regen das müde Gras. Ich will sie bitten, daß sie mir beisteht gegen den Himmelsvogel.
Älteste Schwester ist weit, entgegnete Bor. Du bist unten, und sie ist oben, wenn Schlangenhals nachts an deinem Leben zehrt! Nein, Junge, sühnen mußt du das Böse, das du getan hast, versöhnen mußt du das Herz des Himmelsvogels wieder mit dir! Und jetzt, verkündete Bor und erhob sich schwer, jetzt mach dich fort! Nicht länger kann an einem Schlafplatz der eine von uns mit dem anderen wohnen. Denn Feindschaft folgt deinem Schatten.

Bor ging, zog den Sprossenstamm aus dem Gebüsch an den Höhlenmund und sagte: Geh, gleich und sofort! Bor ist kein Mensch, der dir helfen kann!
Wie aber soll ich den Geier mit mir versöhnen? rief Kleiner-Weg verzweifelt dem abgewendeten Alten zu. Was muß ich tun, damit er abläßt von mir?
Ist es nicht der Haß in dir? Dein Haß, der seinen Schatten ruft? fragte Bor. Ist es nicht so, daß sich noch immer deine Seele gegen den Himmelsvogel erhebt?
Ja, sagte Kleiner-Weg. Denn noch immer sehe ich seinen häßlichen Schnabel, der über die Glieder meiner Mutter fährt, nachdem ihr das Feuer den Atem nahm.
Der Geier tat nur, was sein Recht ist seit ewigen Tagen, bestand Bor. Er ist es, der die Knochen zerbrechen und sich an ihrem Mark sättigen darf, ohne einen Stärkeren darum zu fragen. Unrecht hast du getan, als du ihm sein Recht verwehrtest.
Nein, rief Kleiner-Weg trotzig. Ich würde es abermals und noch einmal tun. Mein Recht war es, mir das Gesicht der Mutter zu erhalten unter den Steinen, die ihre Glieder verwahren!
Bor ging zornig auf den Jungen zu: Beuge doch deinen Trotz, rief er aus. Hör auf die Stimme und den Rat der Alten!
Nein, nein, sagte Kleiner-Weg und ballte die Fäuste. Nein, deinen Worten will ich nicht folgen. Deine Rede ist krumm, und dein Rat ist wie eine Schlinge um meinen Hals. Ich habe gegen den Geier mein Recht verteidigt.
Bor hörte aus den Worten des Jungen nur törichten

Trotz. Junge, redete er ihm zu und trat dicht vor seine Fußzehen, wie willst du denn Schlangenhals und seiner Rache entgehen? Wenn dich die Kraft der blauen Beere an den Himmel führte, würde sein befiederter Arm dich dort finden. Und gingst du mit der Kraft des Elefanten über die Wolken, würde doch die Kraft seiner Stärke dir über sein. Schweige darum, lege deine Hand auf den Mund.

Aber ich will gegen Schlangenhals reden, entgegnete der Junge verbissen. Weißt du keinen besseren Rat, als mir zu drohen mit der Macht seiner Stärke? Ich kenne seine Kraft, denn jede Nacht drückt sie mich nieder zu Boden. Doch wollte ich ihm Recht geben, dann würde mich mein eigenes Herz erdrücken.

Und doch bist du es, der auf falschem Weg geht, mahnte Bor nochmals eindringlich. Dein Herz mußt du ducken, wenn du Frieden über dir finden willst, so ist es! Darum reiße dir das Liebste davon, gib es dem Himmelsvogel, damit du seiner Feindschaft endlich entrinnst.

Die Mutter gab ich ihm nicht, sagte Kleiner-Weg. Was soll ich dem Geier noch anderes geben?

Wahrhaftig, rief Bor und stampfte heftig mit dem Fuß auf den Stein, blind bist du. Wie ein Schlammloch sind deine Gedanken. Ich rede von Hund, deinem Begleiter.

Ich verstehe dich nicht, sagte Kleiner-Weg und spürte, wie sich sein Magen spannte. Was ist mit Waa? Was willst du von ihm sagen?

Ich sage, erklärte Bor eifrig und zeigte auf Waa, der neben dem Jungen die Schnauze hob, nimm deinen

Begleiter, zerreiß ihn und gib ihn an deiner Stelle dem Geier als Opfer. Dann wird Schlangenhals merken, daß es dir ernst ist, wieder gutzumachen und um Verzeihung zu bitten.
Vor Bestürzung konnte Kleiner-Weg nicht antworten. Was hatte der Alte gesagt, und sollte er gar Recht damit haben? Er hatte dem Geier die Mutter verweigert, und nun sollte er ihm Waa, den Hund, dafür geben? Waa, an dem er sein Innerstes wärmte?
Der Alte sah die Unschlüssigkeit des Jungen: Siehst du, erklärte Bor triumphierend, Rat ist im Mund der Alten, Weisheit auf ihren Lippen, aus dem Schlamm zieht dich ihr Arm, auf festen Boden stellt dich ihr Wort.
Hastig bückte sich Kleiner-Weg, zog den Hund an seine Brust und drückte ihn an sich. Er fühlte die Schnauze von Waa feucht auf seiner Haut, rieb sein Gesicht in dem Fell und spürte die Wärme unter der Haut des Hundes. Er legte Waa gegen seine Schulter, griff nach der Tasche mit dem Fauststein: Nichts werde ich tun von allem, was du mir rätst, sagte Kleiner-Weg. Seine Stimme war entschlossen. Ich werde den Geier suchen. Ich werde ihn finden. Ich werde ihn töten. Meine Seele wird hierher zurückkommen, und sie wird dir melden, daß ich es getan habe.
Kleiner-Weg hob die Hand und wendete sich dem blaßerhellten Ausgang zu. Hinter ihm streckte der Alte seine Hände, den bösen Blick abwehrend, gegen den Jungen aus, während Kleiner-Weg den Sprossenstamm ergriff und über ihn die Zuflucht der Höhle verließ.

Kleiner-Weg spürte noch lange hinter sich die bedrohliche Gegenwart Bors. Er hielt Waa noch immer fest an seine Schulter gepreßt, als seine Füße schon weit unten im Grasland auf dem Weg zurück zu den Bergen waren.

Ein trauriger Vogel

In der regenlosen Zeit zehrte der Auf- und Abstieg im Gebirge nicht so sehr an seiner Kraft wie damals, als er den Weg ins jenseitige Land suchte. Es war auch leichter, die Richtung einzuhalten. Das Gesicht der Sonne wies ihm den ganzen Tag seinen Schatten. Kleiner-Weg fand sogar sein Moosnest im Heidekraut wieder. Kühl waren auch diesmal die Nächte in den Bergen. Doch der kalte, weiße Staub war verschwunden, und der Junge lag mit Waa, der sich an ihn schmiegte, warm im weichen Moos.

Du mußt dich nicht ängstigen, sagte er dem Hund, als sie in die Nähe des Gorillatals kamen. Es sind keine Unholde. Sie sind wie wir. Aber erschrick sie nicht mit deiner Stimme! Sicher ist ihre Kraft gewaltig. Wenn du sie reizt, könnten ihre Hände dich zerreißen.

Kleiner-Weg merkte, wie sehr der Wald dem Hund fremd und ungeheuer war. Waa lief nicht wie sonst im Grasland vor dem Jungen her, sondern blieb ihm dicht zur Seite, hielt die Ohren zurückgestellt, und jeder zufällige Schatten spreizte ihm die Nackenhaare. Kleiner-Weg mußte lachen, wenn Waa geduckt ein sonderbares, furchteinflößendes Tier beschlich und heiser verbellte, auch wenn es nur der faulige Wurzelstock eines gestürzten Baumes war.

Dummer, ganz dummer Hund, sagte der Junge, er tut dir

ja nichts. Aber du sollst auch nicht seinen Schatten erschrecken, daß er nicht aufwacht und davonfliegt und später nicht mehr zu seinem Schlafplatz findet.
Schließlich gewöhnte sich Waa an das dämmrige Licht des Waldes. Er bewegte sich freier, stöberte im Untergezweig Wild auf und hetzte einmal ein paar Warzenschweine mit ihren Frischlingen geradewegs auf den Jungen zu. Kleiner-Weg konnte sich nur noch mit einem Sprung in den nächsten Buschbaum retten.
Ich muß etwas tun, damit er an meiner Seite bleibt, sagte sich Kleiner-Weg. Er dachte an einen Fellsack, wie Mütter ihn brauchen, um ihre Kinder zu tragen. Aber Waa hätte darin auf Dauer sicher keine Ruhe gehalten. Außerdem war der Hund schon so schwer geworden, daß Kleiner-Weg ihn nicht den ganzen Tag über hätte tragen können. Doch eine andere Lösung fiel ihm nicht ein. Erst als sich seine Hand in einer Liane verfing, kam dem Jungen ein neuer Gedanke. Er flocht eine Schnur, rief Waa und wickelte sie ihm um den Hals. Waa zerrte, wollte davonspringen, die Faserschnur rutschte dem Jungen aus der Hand, und Waa rannte mit dem Lianenstrang hinter sich fort, verfing sich im Gebüsch, riß und zog und wollte freikommen. Als Kleiner-Weg zu ihm gerannt kam, sah er, daß sich die Schnur fest in Waas Hals eingeschnitten hatte. Mit fliegenden Fingern machte der Junge das Lianenband los. Ich muß es falsch gemacht haben, sagte er sich. Das Band muß an seinem Hals so breit sein, daß es nicht drückt. Ich muß die Schnur so knoten, daß sie sich nicht zusammenziehen kann.

Waa mußte sich erst an das hinderliche Halsband gewöhnen. Aber Kleiner-Weg redete ihm gut zu: Du kennst nicht die Wege der Berge. Sie sind anders als unten im Grasland. Ich will nicht, daß du verlorengehst oder daß dich ein Tier zerreißt. Also bleib bei mir.
Allmählich fand sich Waa mit der Leine in der Hand des Jungen ab und lernte neben seinen Zehen oder hinter seinen Fersen zu laufen, wenn das Unterholz zu dicht wurde.
Kleiner-Weg dachte an die Worte von Bor, der behauptet hatte, nur Feindschaft könne zwischen Tieren und Menschen sein. Nein, Bor hatte gewiß unrecht. Das wußte Kleiner-Weg genau, wenn er Waa nur anschaute, das Tier zu ihm hochblickte, mit der Zunge über die Schnauze fuhr oder nieste, um den Jungen zu grüßen.
Ohne Gefahr waren sie beide die Berge hinunter gekommen. Der Junge machte einen weiten Bogen um die Kuppen im Gelände, wo er auf die Leoparden gestoßen war. Er wollte ihnen nicht nochmals begegnen. Immer wieder stellte er fest, daß Waa wirklich ein guter Begleiter war. Denn Waa hatte eine viel bessere Witterung für den sauren Schweiß der Großpfotenkatzen und warnte ihn frühzeitig vor Bäumen, in deren Geäst die Junglöwen oder die Geparden lagen.
Kleiner-Weg ließ den Hund im Grasland wieder frei laufen. Nur einmal war Waa eine Strecke weit anderen Wildhunden gefolgt, mischte sich unter sie, und Kleiner-Weg konnte ihn aus der Ferne nicht mehr von den anderen Tieren unterscheiden. Aber sie hatten Waa aus

ihrem Rudel vertrieben, und der Hund kehrte hechelnd zu dem Jungen zurück. Noch ein zweites Mal versuchte Waa, mit den anderen Wildhunden zu laufen. Als er zurückgehoppelt kam, konnte Kleiner-Weg seitlich hinter seinem rechten Ohr die Spuren ihrer Zähne sehen. Waa, sagte er, du hast deinen Schlafplatz bei mir. Das riechen deine Geschwister. Deswegen beißen sie dich. Du gehörst nicht mehr zu ihnen. Aber du hast mich zum Freund, und ich werde bei dir bleiben.

Nach diesen beiden Begegnungen mit anderen Wildhunden kümmerte sich Waa nicht mehr um sie. Wenn ihnen einer von den Rundohren zu nahe kam, bellte ihn Waa so lange an, bis der andere sich aus dem Staub machte.

Als die Sonne noch einmal über das Grasland gegangen war, erkannte Kleiner-Weg, daß seine Füße das Land des Geiers fast schon berührten. Er sah in der Ferne die vertrauten Umrisse der Nachtberge liegen und fragte sich nicht, wie wohl das Gesicht der Sonne hierher zurückgekehrt sei, nachdem die Nachtberge die Graslandsonne der Geierleute verschlungen hatten.

Kleiner-Weg konnte jetzt nur noch an Schlangenhals, den Himmelsvogel, denken.

Wie Bor ihm vorgehalten hatte, so war es: Je dichter er an das Land des Himmelsgeiers kam, umso mehr steckten seine Gedanken wie in einem Schlammloch fest. Immer wieder mußte er an den bevorstehenden Kampf mit dem überlegenen Feind denken. Und er suchte den Himmel und die Bäume nach der riesigen

schwarzen Gestalt ab. Doch er sah höchstens andere Geier, die jüngeren Geschwister des Himmelsvogels, über dem Grasland schweben oder das Aas am Wildpfad reißen.
Dennoch hatte der Junge ein Gefühl, als werde er ständig beobachtet, als beschatte ihn der Himmelsvogel auf Schritt und Tritt.
Kleiner-Weg war den ganzen Tag so sehr mit seinen Gedanken beschäftigt, daß er Waa kaum mehr richtig wahrnahm. Er redete nicht mit dem Tier, wendete sich ihm nicht zu, wie er es sonst tat. Sein Herz war so fest in seiner Brust verschlossen, daß er es nicht einmal für den Begleiter an seiner Seite öffnen konnte. Waa spürte das und war schließlich ganz verstört. Er rannte kreuz und quer um den Jungen herum und fuhr gereizt auf eine Mungomutter los, die sich mit ihren Jungen schläfrig vor ihrem Bau sonnte. Als Kleiner-Weg den Hund scharf zurückrief, sprang Waa dem Jungen so heftig gegen die Beine, daß dieser ins Stolpern geriet. Laß das, sagte Kleiner-Weg heftig. Gib endlich Ruhe.
Über ihm ging die Färbung der violetten Abendwolken in ein bleiernes Grau über. Eine Springbock-Antilope sprang vor ihnen mit allen vieren zugleich in die Luft, eine Herde Zebras stob auseinander, und die Impala-Antilopen huschten in die Büsche, die das Tageslicht bereits verlassen hatte.
Kleiner-Weg trottete weiter, ohne überhaupt zur Kenntnis zu nehmen, wie dunkel es schon geworden war, bis Waa ihm mit winselnden Lauten gegen die

Beine stieß, wie er es als Hundekind getan hatte. Da erwachte Kleiner-Weg aus seiner Benommenheit.
Noch wie im Traum suchte er einen Schlafplatz. Die Dornakazien boten ihm keinen Schutz für die Nacht. Die Finsternis war nur noch vom Sternenlicht erhellt. Nun traute er sich nicht mehr weiter. Er faßte Waa um den Hals, zog das Flechtband aus der Tasche, band es dem Hund um und setzte sich, die Leine ums Handgelenk gewunden, an den Fuß einer Akazie, um dort die Nacht über zu wachen. Waa schlief bald fest ein. Aber Kleiner-Weg, schutzlos dem offenen Gelände und der Dunkelheit preisgegeben, wagte nicht, die Augen zu schließen.
Kaum hatte der Schlaf ihn doch überwältigt, hatte auch der Himmelsgeier ihn gefunden. Wieder schwebte er aus der Ferne heran, wurde größer, bedeckte mit seinen Schwingen das Grasland. Kleiner-Weg sah jetzt zum ersten Mal, daß die Unterseite der Flügel über und über mit Augen besetzt waren, die ihn lidlos anstarrten. Der Geier blieb flügelschlagend über ihm stehen, prüfte sein Gesicht, setzte ab und stieß ihm, noch ehe sich der Leib des Jungen aufbäumen konnte, den hakigen Schnabel unter die Rippen.
Kleiner-Weg ächzte, versuchte, seine gelähmten Arme gegen den Vogel zu erheben, auf die Füße zu kommen. Er konnte sich nicht rühren. Immer wieder zuckte der Geierschnabel in seine Seite. Unter Schmerzen hörte Kleiner-Weg Bor zu sich sprechen: Es ist so, wie mein Wort es dir sagte. Er findet dich, wo er will. Beuge dein

Herz seiner Macht. Erzürne die Kraft des Himmels nicht länger über deinen Gebeinen.

Nein, nein, nicht! schrie Kleiner-Weg gellend vor Schmerz, warf seinen Kopf hin und her, als der Geierschnabel die Knochen seiner Hand zermalmte – und wachte auf.

Fauchend hatte Waa sich in seine Hand verbissen, welche krampfhaft die Leine hielt, die den Hund erdrosselte. Der Junge brachte es fertig, mit der rechten Hand das würgende Band zu lösen, und dann ließ Waa die Hand los. Mit überströmenden Augen und unter wildem Schluchzen streichelte Kleiner-Weg das Fell von Waa und flüsterte ihm zu: O Waa! Bald hätte der Geier dich doch bekommen. Meine Hand hätte meinem Feind dein Leben dargebracht! O nein, nie werde ich das tun, Waa! Du mußt es mir glauben. Sei ruhig, es ist doch wieder gut. Ich wollte dir ja nicht wehtun. Der Geier war es, der meine Seele quälte.

Waa beruhigte sich, legte den Kopf auf den Schoß des Jungen, der ihn mit der Rechten zärtlich kraulte.

Kleiner-Weg blieb den Rest der Nacht wach. Seine Hand schmerzte ihn sehr. Als sich der Himmel zu lichten begann, stand er auf, suchte heilkräftige Wundkräuter und verband sie. Aber was sollte jetzt aus ihnen werden? Mit der verletzten Faststeinhand konnte er keine Waffe halten. Wenn er heute auf den Geier traf, wie sollte er Schlangenhals gegenübertreten? Wie sollte er ihn überwinden, wenn er dem Geier keine Waffe entgegenhalten konnte?

Entmutigt machte er sich mit Waa auf den Weg. Wiederholt mußte er den Verband erneuern. Er kaute Kräuter, die gegen das Fieber wachsen und die Bor ihm gezeigt hatte. Der Schmerz staute sich in der Hand. Es war nur gut, daß Waa, als ahne er die Schmerzen des Jungen, ihm nicht von der Seite wich.

Spät in der Zeit der Morgenschatten fand Kleiner-Weg den Steinhaufen am Wasserloch wieder. Die schwarzversengten Bäume hatten spärliche Blätter getrieben. Antilopen und zwei Gnus tranken an der Wasserstelle. Der Steinhaufen lag unberührt noch genauso da, wie Kleiner-Weg ihn vor mehreren Monden aufgeschichtet hatten.

Kleiner-Weg atmete auf. Als er um den Hügel ging, war es ihm wieder wie damals, als er seine Mutter darunter begraben hatte. Er konnte sie mit ihrem Kindchen im Arm vor sich sehen. Ma lag da und lächelte wie im Schlaf. Der Geier hatte sie nicht stören können. Und ihr Schatten hatte gewiß einen Pfad ins Land hinterm Himmelsrand gefunden.

Kleiner-Weg ging zum Wasserloch zurück. Er kühlte die brennenden Augen, trank mit langen Zügen und suchte im Gebüsch einen Ruheplatz für die Mittagszeit.

Seine Hand sah nicht gut aus. Sie schwoll an. Zweimal in der Zeit der Mittagsschatten erneuerte der Junge den Verband und legte zerkaute Heilkräuter darauf. Das Blut pochte darunter, und sein Mund war trocken vor Hitze in seinen Gliedern.

Als die Schatten dem Aufgang der Sonne entgegenwuchsen, stand er auf. Er fühlte sich sehr abgeschlagen und schwankte auf seinen Beinen. Das Grasland drehte sich vor seinen Augen, und er mußte beim Gehen häufig rasten und warten, bis er wieder zu Kräften kam.

Der Junge und Waa kamen nicht weit an diesem Tag. Kleiner-Weg fand einen Schlafbaum, kletterte fiebernd und fröstelnd ins Geäst, richtete für sich und Waa ein Schlafnest, rutschte wieder hinab und stand ratlos unten, weil er nicht wußte, wie er mit Waa zusammen den Baum hinaufklettern sollte. Schließlich blieb er unter den Zweigen eines Busches liegen und fiel alsbald in unruhigen Schlaf.

In dieser Nacht fand ihn der Geier nicht. Kleiner-Weg wachte mehrmals auf, versicherte sich, daß Waa noch da war und lauschte in die Dunkelheit hinaus. Die Nacht war ruhig.

Morgens fand sich der Junge frisch und gekräftigt. Die Schwellung der Hand war zurückgegangen, seine Augen brannten nicht mehr. Aber es würde noch Tage dauern, bis er seine Hand wieder richtig bewegen konnte.

Noch fühlte er sich nicht kräftig genug, um die Suche nach dem schwarzen Himmelsvogel wieder aufzunehmen, da – an diesem Nachmittag, begegnete er ihm. Kleiner-Weg hatte ihn zunächst nicht gesehen. Der breite Stamm eines Affenbrotbaumes hatte den Vogel vor seinen Augen verborgen. Erst als Kleiner-Weg hinter sich schaute, um Waa zu rufen, sah er den Riesenvogel nur zwei Steinwurf weit entfernt über einem Aas hocken.

Das ist er, flüsterte ihm sein Herz erschreckt zu.

Kleiner-Weg blieb bewegungslos stehen und blickte entgeistert zu dem Vogel hinüber. Er nahm den Fauststein in die unverletzte Hand, duckte sich und schlich an den Vogel heran. Schließlich war er nur noch einen Steinwurf weit von ihm entfernt. Da sah er den Schnabel, der die letzten Reste vom Fleisch der verstreuten Knochen schälte. Der Geier versuchte, einen dünnen Knochen aufzubrechen, ließ ihn dann aber fallen und schabte mit dem kalkgelben Fuß darüber. Kleiner-Weg sah, daß das ungeheure Tier seinen Schnabel nur mühevoll gebrauchen konnte. Ein Stück aus dem Schnabel war bei ihrem Kampf damals herausgesplittert, aber in der Zwischenzeit war der Haken des Oberschnabels ganz abgebrochen.

Als jetzt noch andere Geier, viel kleiner als der Riese, bei dem Aas-Rest aufsetzten und einander mit schnarrendem Grunzen die Beute streitig machten, fuhr das Riesentier verschreckt zurück und blieb mit hängenden Flügeln hinter den anderen Geiervögeln sitzen.

Kleiner-Weg stand auf, ging auf die Vögel zu und vertrieb sie mit einem rauhen Ruf, daß sie mit klatschenden Flügeln zu den Ästen des Affenbrotbaums aufflogen. Waa machte sich über die Knochen her. Auch der Riesengeier war fortgeflattert. Als er im Baum aufbockte, sah der Junge, daß sein Gefieder glanzlos und zerzaust an ihm herunterhing.

Plötzlich fühlte sich der Junge unendlich müde. Die ganze Spannung, die Ängste so vieler Nächte fielen von

ihm ab. Kleiner-Weg sah Waa traurig zu, wie er krachend mit seinen starken Zähnen einen dicken Knochen aufbrach.
Der Junge konnte nichts begreifen: War das der Feind, der ihn verfolgt hatte? Dieser traurige Vogel da oben, der jetzt mehr fahlgrau als schwarz, entkräftet und teilnahmslos im leeren Geäst hockte? Wo war der Schrecken geblieben, der mit dem gierigen Geierhals seiner Seele nachgestellt hatte? Nein, der Geier war ein Tier wie jedes andere, das war ihm jetzt klar.
Immer mehr tat ihm der einsame Vogel da oben leid. Wie sehr hatte er ihn gehaßt! Und wie elend mußte sich die Seele des Geiers unter dem stumpfen Federkleid des Himmelsvogels fühlen, der einst hoch über allen anderen Vögeln am Himmel des Graslandes schwebte. Er wünschte sich, dem gefledderten Tier helfen zu können. Er suchte nach Worten, es zu sagen. Aber sein Inneres war taub vor Erschöpfung und der Erfahrung von unerklärlichem Leid.
Kleiner-Weg senkte den Kopf. Ein Kiebitz flatterte aufgeregt an ihm vorbei und stieß ein grelles Quick-quick-quick aus. Gelähmt stand der Junge da. Bis Waa zu ihm gelaufen kam und sich neben ihn setzte.
Komm, sagte Kleiner-Weg schließlich, wir gehen.

Feuer, das rote Tier

Ziellos irrte der Junge im Grasland umher. Wohin sollte er gehen? Er wünschte den Ruf der Jäger zu hören, eine Hand zu spüren, die ihn berührte, sein Essen, sein Schlafnest mit anderen Menschen zu teilen. Mit Waa konnte er reden. Aber Waa, der Hund, konnte ihm nicht in der Sprache der Menschen antworten. Ins Land von Bor wollte er nicht zurück. Zu dunkel war es ihm dort bei dem zottigen Mann gewesen, der mit den Ahnen redete. Zu drückend war die Erinnerung an die quälenden Nächte, in denen die Flügel des Geiers dort über ihm gewesen waren. Dennoch dachte er an Bor, der in den Wäldern die Kraft der Beere suchte, die ihm das Herz befreite. Kleiner-Weg verstand den Alten nun besser als damals, als er entsetzt in dessen leere Augen geschaut hatte. Kleiner-Weg wünschte, er könne jemanden fragen, was die Seele des Menschen immerzu bedrängt, was sie so unruhig und rastlos macht bei Tag und in der Nacht. Dem Jungen war es, als müsse er hier in dem trockenen Land vor Heimweh ertrinken.

Da kam ihm der Gedanke, zur Höhle überm Felsbach zurückzukehren. War es nicht möglich, daß die Geierleute dorthin gegangen waren? Vielleicht waren einige dem Atem des Feuers entronnen?

Komm, Waa, sagte er, wir wollen laufen! Und Kleiner-Weg rannte los.

Am anderen Tag näherte er sich den vertrauten Wegen des Graslandes. Hohes Gras war wieder über die Erde gewachsen, die das rote Tier abgeweidet hatte. Nur an den Bäumen und im Gesträuch waren noch Brandreste zu erkennen.

Da war der Bach. Da standen die Hecken, die seinen Lauf begleitet hatten. Da standen die beiden Affenbrotbäume, von deren Fruchtmark sie alle so oft gegessen hatten.

Kleiner-Weg lief, ohne zu ermüden. Immer wieder schaute er um sich in der Hoffnung, jeden Augenblick auf die Jäger zu stoßen. Auch die Tiere waren alle ins Grasland am Bach zurückgekommen. Kleiner-Weg sah die Strauße, die weidenden Giraffen. Springhasen hüpften zweibeinig über den Wildpfad, und als die Sonne sich neigte, lärmten die Webervögel in ihren hängenden Nestern unter den Bäumen.

Kleiner-Weg hastete den engen Pfad hinauf. Das Herz schlug ihm bis zum Hals, als er endlich das Schlafnest der Geierleute erreichte. Doch er vernahm keinen menschlichen Laut. Die Höhle lag verlassen in der einsamen Wand. Am Höhlenmund hatte sich trockener Moder angesammelt, den der Wind hergeweht hatte; in der Höhle war es leblos, kalt und leer. Nur oben an ihrer Decke hingen wie früher die Flughunde mit den weißen Ohrbüscheln.

Kleiner-Weg bückte sich, hob einen durchlochten Flintstein auf, wie man ihn manchmal in der Nähe vom Sumpf hinter den Felsen fand. Er kannte den Stein noch gut.

Eine von den alten Frauen hatte ihn an einem Band um den Hals getragen. Wo mochte sie jetzt sein? Und wo waren die anderen?
Die Fellreste bei den Schlafnestern waren hart und brüchig geworden, das Moos trocken und gelb verfärbt. Selbst die Schatten der Menschen mußten den Wohnplatz verlassen haben. Dem Jungen gelang es nicht, sie hierher zurückzurufen. Die steinernen Wände standen so abweisend, als hätte sie ihn nie gesehen. Kleiner-Weg konnte sich nur mit Mühe an die Tage erinnern, als die Geierleute hier zusammen gewohnt hatten.
Kleiner-Weg setzte sich mit Waa in den Eingang und schaute hinaus auf die Nachtberge am Himmelsrand.
Die Sonne war zurückgekommen, die Tiere, das Gras, nur die Menschen kehrten nicht wieder. Wie stets stand das Sonnengesicht ruhig und gerötet vom Abendschein über den schwarzen Bergen, hinter denen sie ihren Schlafplatz hatte. Ob es dieselbe Sonne war wie früher? fragte sich Kleiner-Weg. Ihr Gesicht wenigstens hatte sich nicht verändert. Es war nicht größer und nicht kleiner geworden. Es fehlte auch kein Stück daraus. Auch ihr Schlafnest lag noch zwischen den Bergspitzen. Dort sah er sie versinken wie in seinen Kindertagen.
Nur eins war anders geworden. Schon vom Grasland aus hatte Kleiner-Weg den Atem gesehen, der noch immer aus der Bergnase hinauf zum Himmel stieg. Aber das Tier im Berg schien zu ruhen. Einen Augenblick vermeinte der Junge wieder das Grollen des Berges zu hören. Doch er mußte sich getäuscht haben.

Waa lag zusammengerollt dösend neben ihm und war nicht aufgeschreckt.

Bei beginnendem Tag war Kleiner-Weg mit seinem Begleiter zum Bach gegangen. Er hatte getrunken und Beeren gefunden. Waa hatte ein junges Buschschwein gerissen und zerrte es hinter sich her aus dem Dickicht. Der Hund ließ es zu, daß auch der Junge Fleisch davon schnitt und verzehrte.

Kleiner-Weg prüfte die Bißwunde an seiner Hand. Die Haut über der Wunde hatte sich verkrustet und verschlossen, die Schwellung war verschwunden. Nur beim Gebrauch schmerzte die Hand noch ein bißchen.

Kleiner-Weg wollte die Höhle über dem Bach wieder verlassen, in die nicht einmal die Schatten der Seinen wieder zurückgekehrt waren. Als der Morgen heraufdämmerte, war ihm plötzlich der Gedanke an das Wasser am anderen Ende des Graslands gekommen. Damals hatte er sich dort am Ufer versteckt, als er die Stimmen der Fremden gehört hatte. Jetzt sehnte er sich danach, endlich wieder menschliche Laute zu hören. Er beschloß, den See aufzusuchen.

Kleiner-Weg stieg mit Waa auf den Hügel hinter der Felswand. Auf der Höhe angekommen, schaute er angestrengt in die Richtung, wo das große Wasser sein mußte. Rechts von ihm waren die Nachtberge. Auf der linken Seite stand die Sonne bereits hoch über dem Himmelsrand. Weiter zur Linken, im Morgenlicht scharf und klar zu erkennen, lagen die Berge, hinter denen Bors Höhle mit dem Sprossenstamm sein mußte. Es war

die Morgensonne, die immer in Bors Höhle geleuchtet hatte. Ob Bor jetzt von seiner Höhle aus dieselbe Sonne sah wie er, hier auf der Kuppe des Hügels über der Felswand am Bach? Ob es wirklich so war, daß jedes Land seine eigene Sonne hatte, wie schon die Kinder der Geierleute es wußten? Aber dann müßte ja über Bors Bergen weit weg noch eine zweite Sonne stehen?
Nein, es mußte hier wie dort dieselbe Sonne sein; denn ihr Gesicht war über jedem Grasland das gleiche. Da wurde dem Jungen mit einem Schlag klar, daß der feurige Berg damals nicht die Graslandsonne der Geierleute gefressen hatte. Nicht sein feuriges Maul, sondern bloß sein Glutatem und sein fauchender Nasenwind hatte sie erreicht. Aber das Gesicht der Sonne war unversehrt geblieben. So muß es gewesen sein, sagte Kleiner-Weg laut. Er war froh, eine so einfache Antwort auf seine Fragen gefunden zu haben.
Kleiner-Weg fühlte sich zuversichtlich wie lange nicht mehr. Auf seinem Abstieg zum Höhlenbach las er unterwegs im Geröll einen knolligen, schwarzgelb glänzenden Pyrit auf. Der Stein lag schwer in der Hand. Er federte sicher gut, wenn man mit ihm Flint bearbeitete.
Kleiner-Weg ließ sich auf Hutses, des Werkzeugmachers Sitzstein am Sims vor dem Höhlennest nieder und hieb mit dem Pyritstein von einem Flintbrocken scharfe Abschläge. Es ging mit der rechten Hand nicht so gut wie mit der linken. Nach einigen ungeschickten Schlägen sprang der Flint im Kern auseinander, und der Junge warf die Bruchstücke ärgerlich in die Tiefe hinab.

Eine Spanne entfernt von seinen Zehen sah er einen blassen Rauchfaden aus dem Moder aufsteigen und streckte unwillkürlich die Hand aus, um das glimmende Laub auszudrücken. So lernten es bereits die Kinder. Es kam nicht häufig vor, aber beim Bearbeiten des Flints geschah es manchmal, daß plötzlich ein heißer Funkenflug aus den Steinen sprang und im trockenen Gras oder Moos zündete. Etwas von der Seele des roten Tieres steckte in den Flintsteinen, das wußte der Junge. Der schwarzgelbe Knollenstein hatte es aufgeweckt und hervorgelockt.

Du mußt gleich seinen ersten Atem ersticken, bevor es größere Kraft hat und das Feuertier die Menschen in der Felsenhöhle frißt, hatte Graubart gelehrt, wenn die Kinder versuchten, ihren ersten Faustkeil zurechtzuschlagen. Doch jetzt zog Kleiner-Weg seine Hand zögernd von dem winzigen, schwach schwelenden Brandnest zurück.

Ganz unvertraut war den Geierleuten der Umgang mit dem Feuer nicht. Kleiner-Weg konnte sich noch gut erinnern, wie einmal fernab das Grasland brannte. Da hatten die Geierleute mit flammenden Astfackeln eine Herde von Warzenschweinen vor sich her über den Steilrand einer Klippe getrieben, wo sich die Tiere in panischer Furcht vor den feuerschwingenden Menschen zu Tode stürzten. Später, als sie mit ihrer Beute zurück am Bach im Felsennest waren und sich die Bäuche voll mit frischem Fleisch schlugen, hatten sie miteinander die wilde Kraft des roten Tieres besprochen: Üppige Beute hatte es ihnen beschert! Die ältesten unter den Geierleuten hatten früher schon bei Feuertreibjagden mitgemacht, wenn sie im Grasland den heißen Brandspuren gefolgt waren. Die Beute, erzählten sie, war jedesmal gewaltig gewesen, viel größer, als wenn sie den Tieren mit ihren Speeren das Fleisch abjagten. Doch der Atem des roten Tieres war bedrohlich und unheimlich, zu tückisch und unberechenbar, als daß sie es in seiner Nähe ausgehalten hätten.

Die Ahnen, die vor uns gewesen sind, hatte Graubart mit erhobenen Brauen gesagt, hätten nicht nur mit dem Feuer zusammen gejagt. Das rote Tier hätte ihren Vorälteren sogar erlaubt, mit ihm zusammen zu wohnen, ohne den Menschen etwas zuleide zu tun. Unvergleichlich müsse damals die Kraft der Menschen gewesen sein.

Kleiner-Weg erinnerte sich an die Warnungen Graubarts. Aber er konnte seine Augen nicht von dem glimmenden Brand abwenden, den er aus den Steinen angefacht hatte. Neugierig, mit schnuppernder Nase sah er zu, wie der Rauchfaden größer und kräftiger wurde. Kleine Flämmchen schlugen aus dem Laub, und der Junge faßte rasch nach einem Stein, um sie zu ersticken.

Dann aber legte er den Stein neben das Brandnest und verlegte dem Feuertier den Weg in die Höhle. Er holte noch mehr Steinbrocken und sperrte es ganz rundherum ein, bis das Feuer in sich zusammensank und nur noch ein paar Funken in der Asche glühten.

Eine steigende Spannung hatte sich des Jungen bemächtigt. Er bückte sich über den verlöschenden Brand, sog mit der Nase den Geruch des Feuertiers ein, das er mit seinen Händen gefangen hatte. Warte, ich will dir noch was zu fressen geben, sagte er und streute eine Handvoll trockenes Laub in den Steinkreis.

Aber das rote Tier hatte sich zurückgezogen und atmete nicht mehr. Kleiner-Weg beugte sich wieder über die Asche und schnupperte. Versteckte es sich, oder war es schon tot? Er mußte niesen, daß ihm die Asche ins Gesicht fuhr. In diesem Augenblick begann das Feuertier wieder zu atmen.

Du willst also etwas von meiner Seele haben? lachte Kleiner-Weg. Paß auf, ich gebe dir von meinem Atem. Er blies mit spitzen Lippen in den kräuselnden Rauch, bis die Flammen hervorschlugen und die Blätter fraßen. Ja, sagte der Junge, ich habe dich eingesperrt. Du kannst dir selbst keine Nahrung suchen, ich will dich füttern.

Jedesmal, wenn das züngelnde Feuer zu verlöschen drohte, warf er von neuem Laub, kleine Holzstückchen und gelbes Moos auf die Asche, bis Waa hustete und fiepte und hinter ihm aus der Höhle hervorschoß und den Steinpfad zum Grasland hinunterjagte.

Halt, rief Kleiner-Weg, halt, wohin willst du? Waa, komm zurück! Mit großen Sätzen rannte Kleiner-Weg den Pfad in der Felswand hinab und schrie so laut er konnte: Waa, Waa, hör doch! Warte auf mich! Aber der Hund jagte ohne einzuhalten ins Grasland hinaus, und Kleiner-Weg mußte lange laufen, bis er ihn fand.

Waa legte sich unter seiner Hand auf den Rücken, zog seine Läufe an und streckte die Schnauze nach hinten. Kleiner-Weg streichelte ihm sacht das Fell, drückte sein Gesicht in den weichen Bauch: Es war dumm von mir, Waa. Ich hatte dich ganz vergessen. Natürlich mußtest du Angst bekommen vor dem Feuertier. Aber du mußt doch nicht gleich weglaufen. Das rote Tier soll dir nichts tun. Ich passe auf, das verspreche ich dir.
Dann nahm Kleiner-Weg den Hund, legte ihn mit der Schnauze über die Schulter und lief zum Felsen zurück. Unten hob er mit der freien Hand Zweige auf und kam keuchend wieder bei der Höhle an. Er hielt Waa fest im Arm, der wieder beunruhigt vom Brandgeruch zappelte und versuchte, sich freizumachen.
Nein, nein, sagte Kleiner-Weg und streichelte ihn besänftigend. Weißt du noch, wie du so ein ganz kleines Wawa-Hündchen warst? Schwarzweiß warst du, und fast auf einer Hand von mir konntest du sitzen. Ich habe dich mit Essen aus meinem Mund gefüttert. Bist du denn noch immer so klein, daß du dich fürchten mußt? Komm, leg dich hier draußen zu mir und guck mir zu. Vielleicht kann ich das rote Tier an mich gewöhnen. Dann haben wir beide noch einen Freund.
Kleiner-Weg pustete sacht in die weiße Asche, streute vom trockenen Moder darauf und wartete, ob das Feuertier zurückkommen werde, um zu fressen. Er dachte schon enttäuscht, daß es ganz weggegangen sei, da kam dünner Rauch, er blies nochmal dem Feuer seinen Atem zu, und dann flackerte es wieder auf.

Ruhig, Waa, ganz ruhig, sagte er dem Hund ins Ohr. Schau, es geschieht nichts Schlimmes. Nur einfach Hunger hat es, genau wie alle anderen Tiere, genau wie die Menschen. Und wenn es nichts mehr zu fressen hat, dann verliert es die Kraft, genau wie es dir und mir geht. Aber ich darf ihm nicht zuviel zu fressen geben, sonst läuft es uns weg, und dann wird es stärker als wir beide zusammen.

Durch das Zureden des Jungen legte sich die Furcht des Hundes. Als die Kühle des Abends kam, lag Waa in der Nähe des wärmenden Feuers und schlief. Kleiner-Weg mochte nicht schlafen. Er sah hinüber zu den Nachtbergen, wo die Sonne in ihre Höhle ging. Als die Finsternis über das Land fiel, blieb vor der Höhle im Fels das Licht.

Ehe die Abendschatten dunkel geworden waren, hatte der Junge noch einen Arm voll Holz aus dem Dickicht geholt. Er merkte schnell, daß es um so besser brannte, je trockener es war. Es ist gut, hier im Dunkeln mit dem roten Tier bei sich zu sitzen, sagte Kleiner-Weg. Es ist warm in seiner Nähe. Ich brauche mich vor keinem reißenden Tier zu fürchten. Nun habe ich einen mächtigen Schutz.

In der Nacht kam Mond, Älteste Schwester, über die Felswand gewandert. Kleiner-Weg grüßte sie mit seiner Seele und sang vor sich hin, während er das Feuer weiter nährte.

Mitten in der Nacht, als der Mond hoch zu seiner Rechten stand, fiel dem Jungen wieder die Geschichte von Bor ein, die Überlieferung der Alten: Das Schicksal von Ältester Schwester, die in der Nacht von ihren Leuten erschlagen worden war, weil sie nichtsahnend Schlangenhals, dem Himmelsgeier, ein Stück von der Sonne gelassen hatte, die den Menschen früher auch in der Nacht geleuchtet hatte.

Wie groß muß ihr Zorn gewesen sein, denn ohne Licht müssen sie sich in der Finsternis geängstigt haben. Jetzt, wo mir das Feuertier hier auf den Steinen leuchtet, begreife ich, warum sie dich, Älteste Schwester, verstießen. Aber ich verstehe auch, daß du ihnen verzeihen wolltest und dein Gesicht zu ihrem Schutz an den Nachthimmel setztest. Denn hilflos sind die Menschen, wenn nachts der Höhlenlöwe ihren Schlafplatz beschleicht.

Ich habe das verlorene Licht der Nacht wiedergefunden, sagte Kleiner-Weg glücklich und schaute den Mond an, der gerade hinter einer schweren Wolke verschwand. Ich habe es wiedergefunden, und es soll mich nie mehr verlassen.

So saß Kleiner-Weg die ganze Nacht. Seine Augen wurden nicht müde, und sein Herz lebte in ihm auf, sooft er sah, wie das Feuer sich erhob, um die Speise zu fressen, die seine Hand ihm gab.

Die Menschen am See

Mit dem Morgengrauen brach er auf. Das Feuer war bis auf die Asche niedergebrannt. Kleiner-Weg wünschte, er könne das rote Tier aus seinem Schlafnest heben, tragen und mitnehmen. Aber wie sollte er das anstellen? So zerdrückte er die glimmende Asche mit Steinen, steckte ein Stück Flintknolle und den Pyritstein, der die Kraft des Feuers im Flint erwecken konnte, in die Flechttasche, rief nach Waa, und sie gingen los.
Die Nachtberge zur Rechten, die aufgehende Sonne zur Linken, da mußte geradeaus vor ihnen der See liegen.
Das ist ein Wasser, das nicht mehr aufhört, hatte er damals zuerst gedacht, als der See im grellen Licht vor ihm lag. Aber mit zusammengekniffenen Augen hatte er erkennen können, daß weit hinter dem Wasser am Himmelsrand ferne Hügel standen.
Kleiner-Weg war in den See gewatet, Fische kamen in großen Schwärmen geschwommen. Jetzt erzählte er Waa von den Fischen mit blauen und roten Streifen und anderen Fischen mit gelben Tupfen. Seeadler und Fischadler hatten sich lärmend über dem See gestritten. Hochbeinige Vögel hatten dichtgedrängt im Uferwasser gestanden und mit ihren dicken, roten Beutelschnäbeln ihre zappelnde Beute geschnappt. Kleiner-Weg hatte versucht, mit den Händen Fische zu greifen. Aber sooft er es auch versucht hatte, er hatte keinen einzigen aus

dem Wasser ziehen können. Sie waren seinen Händen immer wieder entwischt. Oder sie waren zu schwer und zu groß gewesen und hatten sich heftig schlagend aus seinen Händen wieder befreit.

Dann waren langhälsige Storchenvögel am Uferrand niedergegangen. Der Junge hatte gesehen, wie sie mit den schwarzroten, spitzen Schnäbeln ins Wasser stachen, Fische ans Land schleuderten und sie dort verzehrten. Da war ihm ein ähnlicher Einfall gekommen. Er war ans Ufer gelaufen, hatte sich einen Stock spitz wie einen Stechschnabel geschnitten, war wieder ins Wasser gerannt und hatte gleich beim zweiten Zustechen einen Gelbfisch getroffen, aus dem Wasser geschnellt und ihn dann auf einem Stein verzehrt. Er hatte auch gutschmeckende Blätter und Beeren gefunden, die er dazu in den Mund gestopft hatte. Kleiner-Weg hatte sich wohlgefühlt an dem See.

Er wäre gern noch ein paar Tage länger am Wasserufer geblieben. Aber dann waren die fremden Menschen einer anderen Sippe aus dem Ufergestrüpp an den See getreten, und der Junge hatte sich schleunigst versteckt. Kleiner-Weg hatte zuvor schon vereinzelte, aber noch nie so viele fremde Menschen zusammen gesehen. Graubart hatte zwar manchmal von anderen Menschenklans, die am hintersten Himmelsrand wohnen sollten, erzählt. Doch Kleiner-Weg und auch die anderen Kinder hatten das nicht glauben wollen. Es war doch unmöglich, daß es außer ihnen irgendwo noch andere Menschen geben sollte!

Aber am See habe ich sie selber gesehen, Waa, sagte Kleiner-Weg zu dem Hund. Graubart hatte recht. Es gibt sie wirklich. Und wir beide gehen zu ihnen. Gut, daß du bei mir bist. Allein würde ich mich bestimmt nicht trauen.

Knapp zwei Tage waren sie unterwegs, bis sie von einem Hügel aus den See vor sich liegen sahen.

Über dem See hatten sich dicke Wolken versammelt. Ein Gewitter ging nieder. Kleiner-Weg wußte, daß die kurze Regenzeit begonnen hatte. Er suchte darum nach einer Höhle für sich und Waa, in der sie es trocken hatten.

Auch spürte der Junge große Lust, wieder das Feuertier aus den Steinen zu erwecken. Das konnte er gewiß nicht zwischen den Zweigen eines Baumnestes tun.

Am Nachtschattenufer des Sees, dort, wo ein breiter Baumstreifen bis unmittelbar an den Sandstrand reichte, fanden sie über dem Wald eine Felswand mit einer Höhle, die geräumig genug für beide war. Ihr Eingang war über die Felswand nur schwer zu erreichen – und gar nicht mit Waa auf dem Arm.

Kleiner-Weg fällte mit dem Fauststein einen halbverdorrten weitsprossigen Eibenstamm, befestigte an seiner Spitze einen Lianenstrang und stellte den Stamm an den Fels. Jetzt hatte er einen Sprossenbaum wie Bor.

Das ist ein guter Platz für uns, dachte Kleiner-Weg zufrieden, als er Waa hochgetragen und der Hund ihr neues Schlafnest beschnuppert hatte. Der Einstieg blickte zur See- und Mittagsseite. Die Steine würden die

Sonnenwärme des Tages für die Nacht gut speichern. Kleiner-Weg polsterte den Boden weich mit Moos und Laub und streckte sich der Länge nach darauf aus. Hier waren sie vor Regen und Blitz geschützt, und auf der Felsnase vor dem Einstieg konnte sogar das Feuertier bei ihnen wohnen.
In den nächsten Tagen erkundete er mit Waa die Ufer des Sees zur Morgenseite hin. Einmal stieß er auf einen Maokabaum und ließ sich dessen hervorquellendes, süßes Harz schmecken. Er fing Fische, teilte sie mit Waa und hielt immerzu Ausschau nach den Menschen am See.
Am zweiten Tag sah er morgens zwei Jäger, die am Grasufer eine große Wasserbock-Antilope erlegten. Kleiner-Weg beobachtete genau, wie die Männer sich bewegten, wie sie mit ihren Speeren und Faustkeilen umgingen, das Tier häuteten und in der Haut die leckersten Teile davontrugen. Die Fremden bewegten und betätigten sich nicht anders als Jo, Schnelle-Hand und die anderen Jäger der Geierleutefamilie. Kurze Zeit später sah er ein paar Frauen und Männer, die mit merkwürdigen Flechtkörben, die oben eng zuliefen und unten ohne Boden waren, ins flache Wasser waten. Sie setzten die Körbe blitzschnell ins Wasser, langten von oben hinein und holten Fische heraus. Kleiner-Weg schaute ihnen gebannt zu. Er bewunderte die Geschicklichkeit der Wasserrandbewohner. Sie mußten schon lange hier am See wohnen; denn die Leute verstanden den Fischfang noch besser als die Pelikane und Reihervögel.

Kleiner-Weg setzte sich, von zwei großen, rundgeschliffenen Felsblöcken verborgen, in die Nähe des Ufers und flocht aus biegsamen Zweigen einen Korb, in dem er seinen Fischfang zur Höhle tragen wollte. Dann versuchte er, auch so einen Wasserkorb herzustellen, wie ihn die Seeleute zum Fischfang gebrauchten. Doch es glückte ihm nicht. Er war unzufrieden mit seiner Arbeit. Er begann wieder von vorn und schnitt im Uferdickicht immer neue Zweige. Aber ein Fischreusenkorb wollte ihm nicht gelingen.

Da sah er das Mädchen zum ersten Mal. Es hatte eine bastumwundene Kalebasse in der Hand und sammelte Beeren in das bauchige Gefäß. Es war allein. Unter seiner Schulter hing eine Tasche, in der Kleiner-Weg einen Fauststein vermutete. Ganz dicht kam es an seinem Versteck vorbei.

Der Junge duckte sich, redete Waa leise zu, weil er sich sorgte, der Hund könne sie beide verraten. Das Mädchen konnte nur wenig älter sein als er. Seine braune Haut glänzte in der Sonne. Die Haare fielen ihm vorn über die Schultern bis auf die sehr kleinen, spitzgewölbten Brüste.

Unwillkürlich faßte Kleiner-Weg an seinen Kopf, fuhr mit der Hand in seinen verhedderten Haarschopf und wunderte sich, wie glatt das blauschwarze Haar des Mädchens hinabhing, wie leicht es ihm über die Schultern wehte und wie es schimmerte in der Farbe der Eisvögel. Kleiner-Weg hielt den Atem noch immer an, als das Mädchen längst vorbeigegangen war.

Später tilgte er sorgsam seine Spuren, legte die Fische in den fertigen Korb, schlug einen Bogen um das Seeufer und stieg zu seiner Höhle in der Felswand.
Der Junge setzte sich auf die Felsnase am Höhlenmund, nahm das Flint- und Pyritfeuerzeug und versuchte, im Laub ein Feuer zu entzünden. Heute ging es nicht so leicht wie bei der Höhle am Bach, als er zufällig das Feuertier aus den Steinen geweckt hatte. Ungeduldig versuchte er es immer wieder. Ob das Tier hier am See das Moos und Laub nicht mochte? Ob es doch zu feucht war? Er brauchte fast bis zur Dunkelheit, um Feuer aus den Steinen zu locken. Zuletzt hatte er hinten in der Höhle sehr trockenen Zunder gefunden. Darauf sprang das rote Tier gleich an. Es brannte schnell und heiß, und Kleiner-Weg legte hastig einen Steinring darum, damit es nicht in die Höhle laufen konnte.
Er holte beim Licht des Feuers die Fische aus dem Korb, nahm sie aus und reihte sie zum Lufttrocknen auf einen dünnen Zweig. So machten es im Grasland die Jäger, wenn sie so viel Fleisch erbeutet hatten, daß sie einen Teil davon für glücklosere Jagdtage aufbewahren konnten.
Es wird lange dauern, bis sie trocken sind, dachte Kleiner-Weg. Ich muß sie weit hinten in der Höhle verstecken, damit die Vögel sie nicht finden. Vielleicht aber konnte er die Fische auch zum Feuer ins Nest legen, da würden sie gewiß noch schneller trocken werden. Kleiner-Weg wartete, bis nur noch wenig Glut vom Feuer übrig war und legte zwei rotbraun gestreifte

Fische darauf. Er sah neugierig zu, was mit den Fischen auf der Glut geschah. Das Feuer drohte, an ihrer Nässe zu ersticken, aber als Kleiner-Weg ihm mehrmals Luft zublies, wurde die Glut wieder wach. Die Fische brutzelten und schmorten, färbten sich dunkel, und kleine Flammen schlugen darüber.
Nein, rief Kleiner-Weg, du sollst sie nicht fressen! Er war enttäuscht. Man konnte sie wohl doch nicht auf dem Feuer trocknen, das Feuertier aß sie einfach auf. Aber ein starker süßer Geruch stieg ihm jetzt von den Fischen in die Nase. Kleiner-Weg spürte, wie der Hunger sich in ihm regte.
Mit einem Holz zog er einen Fisch aus der heißen Asche, hielt ihn mit spitzen Fingern vor die Nase, schlenkerte die Hände, legte den Fisch auf den Boden, schnupperte wieder – und wirklich, das roch gut! Als er den Fisch aufheben wollte, brach er zu seiner Verwunderung einfach auseinander. Das Fleisch innen war nicht verbrannt, sondern war im Feuer ganz weiß geworden. Es sah so ähnlich aus wie das feste Weiß unter der Straußeneierschale im verbrannten Grasland.
Kleiner-Weg steckte ein Stückchen vom gebratenen Fisch in den Mund. Es war warm auf der Zunge und schmeckte völlig anders als sonst. Jedenfalls konnte man es viel besser zerkauen. Das Fischfleisch war weich vom Feuer geworden, wie eine saftige Papajafrucht. Ehe er sich versah, hatte er einen ganzen geschmorten Fisch aufgegessen.
Auch Waa schnupperte aufgeregt und leckte gierig die

herabgefallenen Fischreste auf. Als Kleiner-Weg den zweiten gebackenen Fisch mit dem Hund teilte, verschlang Waa das weiche weiße Fleisch so schnell, als hätte er den ganzen Tag über nichts zu fressen gefunden. Ob das Mädchen mit den Eisvogelhaaren auch Fische aus dem Feuer essen würde? Kleiner-Weg dachte an das fremde Mädchen und an seinen Klan, bis Mond, die Älteste Schwester, in den Himmel stieg und ihr Gesicht in dem unbewegten Wasser des Sees badete.

Bald hatte der Junge fast alle Menschen der anderen Sippe teils aus der Nähe, teils von fern gesehen. Alle bewegten sich sorglos und sicher an den Ufern. Bestimmt kannten sie die Ufer und die Hügel am See ebenso gut wie er das Grasland unter den Nachtbergen. Ihren Schlafplatz wagte Kleiner-Weg allerdings nicht auszuspähen. Aber er ahnte, in welcher Richtung er zu suchen wäre.

Kleiner-Weg war schnell vertraut mit dem See, seinen Landzungen, den Ufern und Stränden. Aber gerade deswegen bewegte er sich mit doppelter Vorsicht. Er hatte den gefährlichen Augenblick nicht vergessen, als Bor ihn von hinten überrascht hatte. Gern wäre er einfach aufgestanden und zu den Fischjägern hinübergegangen. Aber er wußte nicht, wie sie ihm begegnen würden. Kleiner-Weg redete sich selbst Geduld zu: Ich muß warten, bis ich sie ganz genau kenne.

Es war schließlich Waa, der sie verriet. Laut kläffend war der Wildhund durchs Gebüsch gerannt und verbellte etwas dicht vor seiner Nase. Kleiner-Weg war ihm nachgelaufen und rief: Waa, komm hierher! Komm zurück! Als Kleiner-Weg geduckt unter dem Gezweig auftauchte, stand er auf doppelter Armlänge entfernt vor dem Mädchen, das seinen Fauststein geschwungen hatte, um den Kopf von Waa zu treffen.

Nein, schrie Kleiner-Weg, tu es nicht!

Er warf sich auf Waa, zog das Tier zurück und legte den widerstrebenden Hund über seine Brust auf die Schulter. Es ist gut, Waa, sagte er so ruhig er konnte und blickte aus seinen Augenwinkeln zu dem Mädchen hinüber, das einen Schritt zurückgetreten war, aber noch immer mit halberhobenem Fauststein dastand. Es wollte mit einem Sprung verschwinden, da streckte der Junge schnell seinen Arm mit der offenen Hand aus: Ich bin Kleiner-Weg, sagte er. Niemand geht hinter mir! Ich bin allein mit mir selbst. Nur Waa, der Hund, ist bei mir.

Wortlos drehte sich das Mädchen mit den Eisvogelhaaren um und lief auf den See zu. Kleiner-Weg rannte mit dem zappelnden Hund auf seinen Schultern hinterher und blieb fassungslos stehen, als er sah, wie das Mädchen vom Uferrand ins Wasser lief, untertauchte und vor seinen Augen verschwand.

Ich hatte aber doch eine leere Hand, murmelte Kleiner-Weg bestürzt. Wie kannst du ins Wasser laufen?

Er setzte Waa ab und watete so weit ins Wasser, bis es ihm an die Brust reichte. Er suchte nach dem Mädchen. Es war und blieb verschwunden.

Verwirrt und sorgenvoll ging er zum Sprossenbaum. Er war böse auf Waa, der sie beide verraten hatte. Du bist

schuld, sagte er, wenn sie jetzt kommen und nach mir suchen. Wegen dir ist das Mädchen vor Angst ins Wasser gelaufen.
Aber es war nicht nur der Schrecken, den Kleiner-Weg in sich spürte. Oft hatte er an eine Begegnung mit den Seeleuten gedacht, wie sie ihn aufnehmen und ihr Schlafnest mit ihm teilen würden. Daraus würde jetzt nichts mehr werden. Sein Feuerplatz kam ihm so verlassen vor, daß er bis ins Innerste fror, und weder Waa noch das Feuer konnten seine Seele wärmen.
Er überlegte, ob er noch in der Nacht den See verlassen sollte, um zurück ins Grasland zu gehen. Aber er wußte, daß er nachts in den Hügeln und Bergen am See, die er nicht kannte, keinen sicheren Weg finden würde.
Schließlich schlief er ein und erwachte erst spätmorgens wieder, als Waa neben ihm winselte, um den Sprossenbaum hinabgetragen zu werden.
Kleiner-Weg suchte seine Sachen zusammen und entdeckte, daß sein Faustстein in der Tasche fehlte. Unten am See mußte er ihm herausgerutscht sein. Kleiner-Weg zögerte. Ob er es wagen konnte, nochmals zum Ufer zurückzukehren? Es war ein guter Faustein aus glänzendem, schwarzen Obsidian. Es war der allerbeste Faustein, den er je in der Hand gehalten hatte. Er entschloß sich, am See danach zu suchen, ehe er das Wasserufer verließ.

Mond-auf-dem-Wasser, das Mädchen

Kleiner-Weg spreizte die Hände vor Schreck, als er das Mädchen wieder genau an der Stelle sitzen sah, wo er es zum ersten Mal gesehen hatte. Es saß, seine langen Haare aus dem Gesicht gestrichen, auf der Ferse, hatte das andere Bein ausgestreckt und hielt dem Jungen seinen Fauststein entgegen.

Es ist ein guter Stein, stellte es fest. Er ist schön. Sogar sehr schön. Hast du ihn geschlagen?

Kleiner-Weg suchte nach Worten. Er fand keine. Waa war zu dem Mädchen gelaufen und schnupperte an der Tasche, die neben ihr lag.

Was ist mit ihm? fragte das Mädchen in ihrer Sprache, die ein wenig anders klang als die der Geierleute, und wies mit dem Fauststein auf Waa. Warum sprichst du mit ihm die Sprache der Menschen? Hast du ihm ihre Worte gelehrt? Wer bist du?

Mit offenen Händen hockte sich Kleiner-Weg dem Mädchen gegenüber auf den Boden. Gib mir meinen Fauststein! sagte er. Ich bin allein. Die Mütter, Kinder und die Jäger meiner Sippe hat das Feuer im Grasland gefressen. Ich bin nur mit mir selbst und Waa, dem Hund. Ja, er versteht die Sprache der Menschen, aber er spricht sie nicht. Gib mir den Stein! Ich will gehen, damit deine Leute mich nicht finden und ihre Speere gegen mich richten.

Das Mädchen sah ihn prüfend an. Warum willst du fort? fragte es schließlich. Ich werde meinen Leuten von dir, dem Fremden mit dem Schwarzstein, erzählen. Und sicher werden sie glauben wie ich, daß du keine Gefahr bringst. Ich werde zu ihnen gehen und bin zurück, wenn mein Nachmittagsschatten so groß ist wie dein Schritt.

Bleib hier, geh noch nicht fort, sagte Kleiner-Weg und streckte bittend die Hand aus, als es aufstehen wollte. Ich habe so lange nicht mehr die Sprache der Menschen gehört.

Das Mädchen sah ihn an, streckte die Hand nach dem Hund aus und streichelte ihn an den Ohren. Waa ließ sich ihre Hand gefallen und legte seine Schnauze auf ihre Schenkel.

Wie rufst du ihn? fragte das Mädchen. Ist er immer bei dir? Und wie findest du ihn morgens wieder?

Waa nenne ich ihn, antwortete Kleiner-Weg. Er ist immer bei mir. Ich teile mein Schlafnest mit ihm.

Du fürchtest ihn nicht? wollte das Mädchen wissen. Ich habe gestern seine Zähne gesehen. Sie sind stark und könnten dein Fleisch zerreißen.

Kleiner-Weg lachte. Nein, er tut mir nichts, er war ganz klein, ein Winzling, da habe ich ihn verlassen im Grasland gefunden. Seit dieser Zeit ist er bei mir. Ich habe ihn aus meiner Hand gefüttert. Seine Seele kennt mich, und ich kenne ihn. Er bewacht meine Schritte, und ich halte meine Hand über ihn.

Kleiner-Weg hätte in diesem Augenblick gern Waa in den Arm genommen, um dem Mädchen seine Freundschaft mit Waa zu beweisen. Aber ihre Hand fuhr über das Fell des Hundes, und Waa atmete ruhig mit geschlossenen Augen, als sich das Mädchen über seine Schnauze beugte. Kleiner-Weg fühlte den Ärger in sich wie einen Stich. Es verdroß ihn, daß Waa sein Vertrauen einfach mit einem anderen Menschen teilte.

Das Mädchen mußte seinen Gedanken gespürt haben, denn sie sagte: Ich weiß, er gehört zu dir. Laß ihn mir nur ein wenig. Schau, er hat seinen Schatten in meinen Schatten gelegt. Darf ich seinen Namen gebrauchen?

Kleiner-Weg war unsicher. Aber dann sagte er: Wenn du mir deinen Namen gibst, darfst du auch seinen Namen gebrauchen.

Das Mädchen sah den Jungen forschend an. Dann lächelte sie breit und sagte: Ich bin Mond-auf-dem-Wasser. Das ist mein Name.

Ein Mädchen, das Mond-auf-dem-Wasser hieß. Der Junge blickte es verwundert an. Dann lächelte er. Das ist ein guter Name, sagte Kleiner-Weg. Er erinnert mich an das Gesicht von Älteste Schwester. So nennen wir den Mond.

Wir auch, nickte das Mädchen. Mein Name ist ein Bild von ihrem Namen.

Wie meinst du das? wollte der Junge wissen. Was ist das, was du Bild nennst? Ich kenne das Wort nicht.

Komm, sagte Mond-auf-dem-Wasser, nahm die Hand des Jungen und lief mit ihm zu einer Wasserlache auf der Sandbank am See.

Schau, sagte sie und zeigte mit dem Finger auf den

Wasserspiegel. Das Bild der Sonne schwimmt auf dem Wasser. Sie selbst steht am Himmel, und das – Mond-auf-dem-Wasser wies nach unten –, das ist ihr Bild. Nachts schwimmt das Mondbild auf dem See, und das bedeutet mein Name. Komm, bück dich, forderte das Mädchen ihn auf, auch dein Bild schwimmt auf dem Wasser, du kannst es gut sehen.

Als Kleiner-Weg sich neben Mond-auf-dem-Wasser über die Lache beugte, sah er die Gesichter zweier Menschen darin. Es flößte ihm Unbehagen ein, aber zugleich erregten ihn die Bilder im Wasser.

Das bist du! sagte er schließlich und deutete mit einer Kopfbewegung auf ihr Gesicht im Wasser, weil er sich scheute, mit dem Finger auf das Bild zu zeigen. Dabei sah er, wie das andere Bild sich bewegte und schreckte zurück.

Kleiner-Weg, du mußt keine Angst haben, sagte Mond-auf-dem-Wasser leise zu ihm. Das andere Bild da unten bist du. Dein Gesicht und meins schwimmen zusammen auf dem Wasser.

Kleiner-Weg ließ sein Bild nicht aus den Augen. Es mußte so sein, wie das Mädchen Mond-auf-dem-Wasser sagte. Denn wenn er sich mit der Hand am Ohr kratzte, wiederholte das Bild im Wasser seine Bewegung. Der Junge schaute auf das Bild des Mädchens.

Deine Haare sind sehr schön, sagte er, sie leuchten im Wasser noch mehr. Kleiner-Weg schaute sich um und wies über das hohe gefederte Rohrschilf. Deine Haare haben die Farbe des Eisvogels.

Mond-auf-dem-Wasser schaute seine Haare prüfend an. Hast du deine Hand fürs Haar verloren? fragte sie.
Was meinst du? fragte der Junge zurück und fuhr sich mit der Hand durch sein wirres Haar.
Nein, rief das Mädchen, ich meine doch nicht deine Finger. Warte, ich zeige es dir.
Sie lief an den Sitzplatz zurück, kam mit der Tasche zurück und holte etwas daraus hervor, was wie eine kleine Hand aussah. Es waren stumpfgespitzte Holzstäbchen, die mit Bast flach nebeneinander an zwei darüberliegenden Querhölzern befestigt waren.
Mond-auf-dem-Wasser fuhr sich damit durchs Haar und fragte: Habt ihr einen anderen Namen dafür?
Ich habe eine solche Hand für das Haar noch nie gesehen, sagte Kleiner-Weg. Darf ich es auch versuchen?
Als das Mädchen nickte, nahm er den Kamm und zog ihn langsam durch ihre Haare, die sich zwischen den Holzfingern leicht wie Wasser teilten. Dann steckte er den Kamm in sein Haar, aber er konnte mit den Holzfingern nicht durch seinen Schopf kommen.
Komm, setz dich, sagte Mond-auf-dem-Wasser. Ich will dir helfen.
Den Hund auf seinem Schoß, setzte sich Kleiner-Weg mit untergeschlagenen Beinen in den hellen Sand. Der Kamm tat weh. Aber es war gut, ihre Hand mit der Hand für das Haar über seinen Kopf streichen zu fühlen. Es erinnerte ihn an Ma, wenn sie ihm durchs Haar fuhr. Lange saßen sie schweigend da, während das Mädchen

die verfilzten, krausen Haare des Jungen entwirrte, bis der Kamm glatt durch seine Haarsträhnen glitt.

Nun sieh dir dein Bild auf dem Wasser an, sagte das Mädchen.

Als ihre Gesichter dicht nebeneinander im Wasser schwammen, spürte Kleiner-Weg, wie ihm sein Haar über die Schulter fiel.

Es fällt mir über die Augen, sagte Kleiner-Weg und warf den Kopf zurück. Das ist nicht gut. Wie soll ich sehen, ob nicht neben mir ein Gepard sich duckt, um mich anzuspringen?

Ich werde dir ein Bastband flechten, das dir die Haare am Kopf festhält, versprach das Mädchen.

Sie schaute sich um, lief und pflückte ein paar Binsen, knüpfte ein Band und knotete es um seinen Kopf: Nimm das solange! Morgen bringe ich dir das Bastband. Ich weiß, wo ein Bastbaum wächst.

Inzwischen waren die Schatten unter ihnen klein geworden. Kleiner-Weg fragte das Mädchen unruhig: Werden deine Leute nicht nach dir fragen?

Sie werden denken, daß ich auf meiner Insel bin, antwortete Mond-auf-dem-Wasser und zeigte auf eine baumbewachsene Kuppe, die draußen im See aus dem blendenden Wasser ragte. Ich habe dort einen Schlafbaum, eine Baumzweighöhle ist darauf. Ein Vogel hat sie gebaut und später verlassen. Wir nennen ihn den Schattenvogel.

Aber wie kommst du über das Wasser? Du hast doch nicht die Kraft von Vogelflügeln in deinen Armen?

Ich schwimme natürlich, erklärte Mond-auf-dem-Wasser.

Als Kleiner-Weg sie verständnislos anschaute, sagte sie: Wie die Fische es tun. Wir schwimmen oft und tauchen sogar tief im Wasser nach unserer Beute. Aber ich glaube, niemand kann so schnell und so weit schwimmen wie ich, setzte sie stolz hinzu. Deswegen nenne ich dort den Baumhügel im Wasser auch *meine* Insel. Fast niemand kommt bis dorthin über den See.

Aber die Fische, fragte Kleiner-Weg, erlauben sie dir den Weg durch das Wasser?

Sie tun mir nichts. Du mußt natürlich aufpassen. Du mußt ihre Wege kennen wie die von den Tieren des Graslands. Auch Schlangen sind im Wasser. Und die Zähne des Wasserhunds könnten nach dir schnappen. Aber wirklich fürchten mußt du nur den roten Welsfisch, der dich lähmt, wenn seine Flossen dich treffen. Ganz weit hinten im See sind noch die Flußpferde. Ihre Kraft ist wie die eines galoppierenden Nashorns. Du würdest ihnen nicht entrinnen, wenn eins sein Maul gegen dich aufsperrte.

Bist du gestern, als du wegliefst, auch zu deiner Baumhöhle auf die Insel geschwommen? fragte Kleiner-Weg. Ich habe nach dir gesucht, ich konnte dich im Wasser nicht finden.

Ich wollte nicht, daß du mir folgst, erwiderte das Mädchen. Darum schwamm ich weit unten im Wasser, schlug einen Bogen und tauchte unter den Zweigen des Uferdickichts wieder auf. Da blieb ich, bis ich sah, daß

du weggegangen bist. Dann schwamm ich zu meiner Insel.
Kleiner-Weg überlegte. Ich möchte es lernen, sagte er dann. Aber fremd sind mir die schwimmenden Tiere eures Sees. Ihre Seelen sind mir nicht vertraut. Anders sind sie als die Bewohner des Graslands. Fremd sind mir die Menschen hier an den Ufern. Doch du bist meinem Herzen wie Älteste Schwester. Mein Schatten berührt dich ohne Furcht. Bleibe noch bei mir, bis unsere Schatten wieder größer werden.
Das Mädchen nickte. Sie sammelten Beeren in die Kalebasse, gruben Wurzeln und stachen Fische im See, die Kleiner-Weg in große Staudenblätter einschlug. Dann gingen sie durch den Uferwald.
Mond-auf-dem-Wasser bemerkte unsicher: Wir gehen nie hierher an das Nachtschattenufer, seit ein Leopard zwei von uns hier in der Nähe schlug. Es ist nicht gut, daß du an diesem Platz dein Schlafnest gebaut hast.
Doch, mein Schlafnest ist sicher, antwortete Kleiner-Weg. Du wirst es sehen. Ich habe von Bor in den Bergen gelernt, wie man es macht. Er erzählte dem Mädchen von dem Alten mit der Schleuderkugel und schilderte Bors Höhle mit dem Sprossenstamm.
Warum hast du ihn verlassen? forschte das Mädchen. Du warst doch sicher bei ihm, ihr habt eure Speise geteilt.
Kleiner-Weg wußte nicht, wie er alles, was sich in seiner Erinnerung mit dem Namen Bor verband, Mond-auf-dem-Wasser sagen sollte. Er schwieg. Erst als sie eine Weile wortlos nebeneinander gegangen waren und das

Mädchen ihn von der Seite anschaute, um in seinem Gesicht zu lesen, sagte Kleiner-Weg: Viel muß ich dir noch erzählen. Und es gibt vieles, was ich von dir noch nicht weiß.
Unterdessen waren sie in die Nähe des Sprossenstamms gekommen. Das Mädchen wurde unruhig. Es riecht wie Feuer, das aus dem Grasland zu uns kommt, warnte sie. Oder es muß hier kürzlich ein Blitz gefallen sein.
Ja, sagte Kleiner-Weg, ich rieche es auch. Aber es ist gut, daß der Atem des Feuers hier zu riechen ist. Vielleicht hält es die Großpfoten fern, vor denen du mich warnst.
Er lehnte den Steigbaum an die Felswand, nahm Waa über die Schulter und stieg zu der Felsnase hoch. Das Mädchen folgte ihm. Oben stieß Mond-auf-dem-Wasser einen kleinen Schrei aus, wies mit dem Finger auf die Reste der Feuerstätte: Sieh doch, es ist hier gewesen, gerade bei deinem Schlafplatz!
Ich weiß, sagte Kleiner-Weg. Aber du brauchst dich nicht zu ängstigen. Ich habe das rote Tier gezähmt. Ich spreche zu ihm wie mit Waa. Das Feuer schützt mich in der Nacht und gibt uns in der Kälte seine Wärme.
Jetzt ist es weg? fragte das Mädchen noch immer besorgt.
Ich habe seinen Atem erstickt, als ich fortging, um den Faustein zu suchen. Aber jetzt will ich seine Kraft wieder erwecken. Paß auf!
Kleiner-Weg holte hinten aus der Höhle trockenes Laub und Moos, zerrieb es zwischen den Handflächen, nahm sein Pyrit- und Flintfeuerzeug und schlug eine sprühen-

de Funkengarbe aus den Steinen. Schon nach kurzer Zeit kräuselte ein Rauchfaden über dem Laub auf der Felsnase, und die ersten Flämmchen züngelten aus dem zerriebenen Moder.

Du mußt es niederdrücken, rief das Mädchen voll Angst. Es wird uns fressen!

Nein, sagte Kleiner-Weg. Schau, ich mache ihm zwischen den Steinen ein Nest. Und darin wird es bleiben. Ich gebe ihm nur soviel zu fressen, daß es klein und hier bleiben muß und nicht in die Höhle läuft oder von der Felsnase springt.

Mond-auf-dem-Wasser brauchte einige Zeit, bis sie ihr Mißtrauen gegen das züngelnde Feuer überwinden konnte. Endlich nahm sie selbst von dem Astholz, brach es in kurze Stücke und stupste sie mit spitzen Fingern in die prasselnden, hungrigen Flammen. Später ging das Mädchen und holte mit dem Jungen neues Holz. Dann ließ Kleiner-Weg das Feuer niederbrennen und legte auf die glühende Kohle mehrere mitgenommene Fische.

Muß es auch Fleisch fressen? fragte das Mädchen. Es sieht aber aus, als ob es die Fische nicht möchte. Es faucht und zieht seinen Atem ein.

Ich gebe ihm etwas von meinem Atem dazu, sagte der Junge, fachte das Feuer wieder an, und als er riechen konnte, daß die Fische gar sein mußten, nahm er sie vom Feuer und legte sie auf die großen Blätter, in denen er sie hergetragen hatte. Waa drängte zwischen sie und schnüffelte aufgeregt an dem heißen Fisch, verbrannte sich die Nase und zog sich schleunigst zurück.

Warte, Waa, rief ihm der Junge zu. Es ist noch zu heiß. Er brach einen Fisch auseinander und legte das weiße Fleisch vor Mond-auf-dem-Wasser.
Das Mädchen zögerte nur einen Augenblick. Dann griff sie mit großem Hunger zu. Sie saßen zusammen, aßen den warmen, saftigen Fisch, die leckeren Beeren und kauten hinterher süße Wurzeln. Als sie aufsahen, war es bereits die Zeit der Abendschatten.
Es ist nicht gut, daß du jetzt noch zurückgehst zum See, sagte der Junge. Bleibe bei mir.
Es ist gut bei dir, sagte Mond-auf-dem-Wasser. Du hast starke Freunde. Du hast aus Feinden der Ufer- und Graslandbewohner Freunde gemacht.
Sie blieben noch lange oben auf der Felsnase sitzen. Nachdem die Sonne untergegangen war, erleuchtete der Feuerschein ihre Gesichter. Sie sprachen von ihren Klanleuten hier am Ufer und dort im Grasland unter den Nachtbergen.
Als Kleiner-Weg die Geschichte von Bor erzählt hatte, wurde das Mädchen nachdenklich. Das muß derselbe Mann sein, sagte sie, von dem bei uns die Allerältesten erzählen. Vor vielen, vielen Regenzeiten, als die Alten noch Kinder waren, soll auch unsere Sippe hinter den Bergen gewohnt haben. Sie zog dann hierher zum See und nahm sich den Namen des Fischadlers zum Schutz. Nur ein einzelner Jäger soll damals hinter den Bergen geblieben sein. Ich weiß nicht, warum. Aber vielleicht ist das dieser Mann, Bor, von dem du sprichst.
Vielleicht, sagte Kleiner-Weg. Er ist schon lange allein.

Ich habe nie erfahren, was aus seinen Leuten wurde.
Während sie sprachen, war das Mondgestirn aufgegangen, sein Gesicht lag glänzend auf dem schwarzen See.
Es ist Älteste Schwester, die uns vom Himmel her anschaut, sagte der Junge. Du bist meine Schwester, wie Ältere Schwester dort oben.
Das Feuer leuchtete noch lange, bevor Kleiner-Weg seinen Atem unter den Steinen erstickte. Waa, Mond-auf-dem-Wasser und Kleiner-Weg kuschelten sich dicht zusammen ins Laubnest und schliefen, einer an den anderen geschmiegt, bis der Morgen sie weckte.
In der Morgenfrühe waren sie zusammen durch den Wald an den See gelaufen. Das Mädchen rannte ins Wasser und machte dem Jungen vor, wie man schwimmt. Sie schwamm kraulend mit den Armen überm Kopf und schlug dabei das Wasser mit ihren Füßen. Komm, rief sie.
Kleiner-Weg war erstaunt, daß es gar nicht so schwer zu lernen war, wie er gefürchtet hatte. Sogar Waa war ihnen nachgeschwommen, kehrte aber bald ans Ufer zurück und schüttelte das Wasser aus seinem Fell.
Ich werde es dir noch besser zeigen, prustete Mond-auf-dem-Wasser, als Kleiner-Weg unter einer Welle seinen Atem verlor, untertauchte, keinen Grund unter seinen Sohlen fand, auftauchte und um Hilfe rief.
Halte dich an meiner Hüfte, rief das Mädchen und schwamm mit dem Jungen auf das Ufer zu, bis Kleiner-Weg wieder stehen konnte.
Das war gut! lachte er.

Dann nahm Mond-auf-dem-Wasser ihre Tasche und Kalebasse und fragte: Wie ist es? Willst du nicht mit mir gehen?
Kleiner-Weg überlegte. Dann verneinte er. Ich möchte erst noch besser von dir den Weg im Wasser lernen, sagte er. Dann werden deine Leute sehen, daß ich bin wie sie, und sie werden mich vielleicht aufnehmen.
Mag sein, vielleicht ist es richtig so, stimmte Mond-auf-dem-Wasser ihm zu. Am besten sage ich ihnen noch nichts von dir und nenne ihnen deinen Namen nicht.
Kommst du auch zurück? fragte Kleiner-Weg. Mein Feuerplatz ist verlassen und mein Schlafnest leer, wenn du nicht bei mir bist.
Ich komme wieder, rief das Mädchen und lief den Sammlerpfad der Seeleute entlang zum Morgenufer.
Kleiner-Weg begab sich mit Waa auf den Weg zur Höhle. Der Sprossenstamm lehnte noch an der Wand. Waa hatte den Leoparden darunter zuerst entdeckt. Kleiner-Weg hatte am Vorabend die Reste des ausgenommenen Fisches heruntergeworfen. Die Großpfote, offenbar ein altes Männchen, vielleicht ein Einzelgänger, mußte, von dem Fischgeruch angezogen, den Weg zur bewohnten Höhlenwand gefunden haben.
Bleib hier, Waa! brüllte Kleiner-Weg. Seine Stimme überschlug sich vor Entsetzen. Er rannte auf den Leoparden zu, den Waa wütend verbellte. Die Großpfotenkatze duckte sich, krauste die Nase, fauchte, schlug einen Bogen und fiel den Jungen an. Kleiner-Weg bohrte seine Finger in den Hals des Raubtiers, merkte,

wie die Krallen der lehmgelben Katze seine Brust aufrissen. Allein Waa hatte er es zu verdanken, daß das Tier für einen Augenblick von ihm abließ. Waa hatte sich in die Weichteile der Großpfote verbissen. Das Tier drehte sich rasend vor Schmerz im Kreis, versuchte mit seinen Fängen, den Hund zu fassen, erwischte Waa mit einem Prankenhieb, daß der Hund durch die Luft ins Gebüsch flog.

Rasend vor Zorn und Schmerz warf sich Kleiner-Weg abermals der Reißkatze entgegen. Diesmal hatte er seinen Faustkstein in der Hand, den er aus der Flechttasche gerissen hatte. Lauf weg, Waa, schrie er, als er sah, wie der Hund von neuem auf den Leoparden zufuhr. Nein, Waa! Geh weg! Lauf, schnell!

Knurrend hatte sich der Leopard geduckt, schlug mit dem Schwanz, setzte zum Sprung an, flog durch die Luft, aber er erreichte den Jungen, der hinter sich gesprungen war, nur noch mit der äußersten Spitze einer Pranke. Kleiner-Weg hieb, schlug mit dem Faustkstein zu, einmal, zweimal, mit wirbelnder Hand quer über den Rachen, senkrecht zwischen die Augen: Du Namafresser! Du Blutkraller! schrie er.

Aufheulend vor Schmerz zog sich das Tier zurück, verscheuchte mit grollendem Ton den Hund, setzte zum Sprung an und schnellte durch die Luft auf den Jungen zu.

Kleiner-Weg war bis in die Mitte des Sprossenbaums gekommen, faßte die Felsnase darüber, als der Baum vom Ansprung des Leoparden unter ihm zersplitterte.

Mit letzter Kraft zog Kleiner-Weg sich hoch und brach oben auf dem Steinsims zusammen. Aus den Reißspuren auf seiner Brust und an seiner Schulter strömte Blut. Der Schmerz warf ihn zu Boden, als er sich wieder aufrichten wollte. Er konnte sich nur noch bis ins Innere der Höhle schleppen, rief schwach nach Waa, der dem Leoparden folgte, als dieser fauchend, blind vor Blut um die Augen, in der Richtung des Seeufers verschwand.

Gerettet und wiedergefunden

Als Kleiner-Weg zum ersten Mal kurz das Bewußtsein wiedererlangte und die Augen des Mädchens über sich sah, wußte er, daß alles gut war. Er überließ sich wieder der Nacht, die ihn umfing.

Mond-auf-dem-Wasser war nachmittags an die Uferstelle gekommen. Sie hatte dort auf den Jungen gewartet. Als er nicht kam, war sie durch den Waldsaum zur Felswand gegangen.

Unterwegs brach sie das Fruchtbüschel einer Banane, die von den Schimpansen am Seeufer noch nicht geplündert worden war. Die Früchte waren schwer. Es kostete sie Mühe, die vielen Bananen bis zum Sprossenstamm zu schleifen.

Als Mond-auf-dem-Wasser die Spuren des Kampfes, den zersplitterten Stamm, die ausgerissene Tasche des Jungen, seinen blutigen Faustwein entdeckte, Waa und ihn nicht sah, durchfuhr der Schreck sie wie ein Schlag vom Fisch, der mit seiner Flosse die Kraft des Menschen lähmt.

Kleiner-Weg! rief sie mit gepreßter Stimme. Waa, wo seid ihr? Sie ließ das Bananenbüschel fallen, griff nach ihrem Faustwein und rannte, um das Gebüsch ringsum nach dem Jungen und Waa abzusuchen. Doch beide waren nicht aufzufinden, und Mond-auf-dem-Wasser kehrte schluchzend zum zerbrochenen Höhlenbaum zurück. Sie horchte zur Höhle empor und richtete das längere Bruchstück des Sprossenbaums auf. Sie stieg die Astwirbel hoch, konnte hochgereckt die Felsnase zu fassen bekommen und zog sich nach oben. Als sie auf dem Sims vor der Höhle stand, sah sie den Jungen blutbedeckt hinter dem Einstieg der Höhle liegen. Seine Augen waren halbgeschlossen, und erst als sie sich dicht über ihn beugte, spürte sie, daß ihm noch Atem geblieben war.

Mond-auf-dem-Wasser untersuchte hastig die Wunden des Jungen. Dann ging sie zur Felsnase, merkte, daß sie mit ihren Füßen den zerborstenen Stamm nicht mehr erreichen konnte, zögerte, gab sich einen schnellen Ruck und sprang aus der Höhe auf den Waldboden ab. Der linke Fuß tat ihr vom Aufprall weh, aber sie achtete nicht darauf, lief zu ihrer Kalebasse, schaute umher, rannte die Wand entlang, um Wasser zu finden. Sie entdeckte es ganz in der Nähe einen kleinen Wasserfaden, der aus dem moosigen Fels sickerte. Sie wartete ungeduldig mit gepreßtem Atem, bis die Kalebasse vollgelaufen war und eilte zum Sprossenstamm zurück. Aber sie mußte bald erkennen, daß der Baum jetzt zu kurz war, als daß sie mit Wasser in einer Hand den Einstieg erreichen konnte. Sie lehnte das Wassergefäß gegen einen Stein, faßte ihren Faustkeil und prüfte mit ihren Augen die umstehenden Bäume.

Es war schwere Arbeit, und die Fausthand tat ihr weh, bis sie einen Baum umgehauen hatte. Als sie ihn an die Felswand zerren wollte, merkte sie, daß der Baum viel zu schwer für sie war. Sie würde ihn nicht aufrichten können. Laut weinend vor Enttäuschung und Wut über den abermaligen Aufenthalt, kappte sie die Zweige, ließ von den Ästen, die sie zum Hochsteigen brauchte, nur kurze Stummel stehen und versuchte, wieder den Baum zu bewegen. Jetzt war er leichter.

Mond-auf-dem-Wasser stemmte ihn in die Senkrechte, lehnte ihn an die Felsnase, holte das Wasser, nahm eine Handvoll weicher Blätter und stieg nach oben. Sie preßte die Blätter in der Hand und begann, über die leblose Gestalt des Jungen gebeugt, die Haut um die Wundränder herum vom Blut zu reinigen. Es sickerte immer noch. Zweimal mußte sie den Sprossenbaum hinab und wieder in die Höhe klettern, bis sie einen Verband aus Wundkräutern und großen Blättern mit Lianenschnüren über seiner Brust und Schulter befestigt und verknotet hatte.

Es gelang ihr nicht, den Jungen aus der Kalebasse trinken zu lassen. Da nahm Mond-auf-dem-Wasser einen Schluck in ihren Mund, öffnete vorsichtig die Lippen des Jungen und gab ihm mit ihrem Mund das Wasser. Erleichtert merkte sie, daß Kleiner-Weg es schluckte. Das war, als Kleiner-Weg zum ersten Mal erwachte. Beim zweiten Mal war das Wundfieber schon mit Gewalt über ihn gekommen. Er wälzte sich ruhelos hin und her, stammelte, griff mit den Händen um sich, und Mond-auf-dem-Wasser mußte all ihre Kraft aufbieten, um den Jungen auf dem Lager zu halten, ihn nicht loszulassen, weil seine Verbände sich lösten.

Kleiner-Weg kämpfte gegen ihre Arme an und rief: Nein, Bor! Du darfst mir Waa nicht nehmen, laß ihn bei mir, hörst du? Waa, stöhnte er, wo bist du?

Mond-auf-dem-Wasser kühlte den heißen Kopf des Jungen und redete ihm beruhigend zu, obwohl auch in ihr die Seele flatterte.

Kleiner-Weg, sagte sie tröstend, ich bringe dir Waa zurück. Ich werde ihn suchen. Sei jetzt ganz ruhig. Es wird wieder gut.

Bevor es Abend wurde, hatte Mond-auf-dem-Wasser versucht, Feuer aus den Steinen zu schlagen, wie sie es bei dem Jungen gesehen hatte.

Du bist zurückgekommen, sagte sie aufatmend zu dem Feuertier, als die ersten Flämmchen hochzüngelten. Du mußt mit mir wachen. Sie holte trockenes Moos, kleine und größere Äste und gab dem roten Tier die Nahrung, nach der es verlangte. Sie ordnete die Steine im Kreis, holte noch einmal Wasser bei der Sickerquelle, und dann begann die lange Nacht. Mond-auf-dem-Wasser war froh, daß ihr das Feuer leuchtete. Wie hätte sie in der Dunkelheit den Jungen versorgen sollen?

Mond-auf-dem-Wasser konnte ja nicht ahnen, daß der Geruch des Feuers, den Kleiner-Weg unbewußt wahrgenommen hatte, in dem Jungen die quälenden Erinnerungen an die Nacht im brennenden Grasland wieder weckten. Auch das Fieber brannte ihn mit verzehrender Hitze, und Kleiner-Weg rief flehentlich nach Ma.

Über ihm flatterte wieder der Himmelsgeier und fuhr mit dem Schnabel heiß über seine Brust, riß sie auf, so daß alle seine Glieder vor Schmerzen zuckten. Aber dann war Jo da und verscheuchte den Geier mit prasselnden Steinwürfen. Er sah Ma, die ihn mit besorgten Augen anblickte. Er spürte ihre Hand auf den Haaren und kühl auf seiner Stirn. Sie sprach gute Worte zu ihm. Ihre Stimme blieb in seinen Ohren, tröstete seine schmerzende Seele. Ma summte ein Lied, das so ähnlich klang wie das, mit dem die Geierleute das Gesicht von Ältester Schwester begrüßten, wenn ihr Gestirn voll über dem Grasland steht.

Mond-auf-dem-Wasser mußte die ganze Nacht mit dem um sich schlagenden Jungen kämpfen. Sie kühlte seinen Kopf, flößte ihm Wasser ein, wechselte die Verbände, legte frischgekaute Kräuter auf seine Wunden und versuchte, ihn mit zerquetschten Bananen zu füttern.

Erst gegen Morgen fiel Kleiner-Weg in einen tiefen, traumlosen Erschöpfungschlaf. Mond-auf-dem-Wasser erstickte das Feuer und legte sich, den Arm über seine Hüften, ihm zur Seite aufs Laub. Sie schlief sofort ein.

Als sie erwachte, schlief Kleiner-Weg noch immer reglos neben ihr. Ich muß Waa suchen, sagte sie sich, als sie ihren Kopf über das Gesicht des Jungen beugte. Er wird nach Waa verlangen, wenn er wieder die Augen öffnet.

Sie kletterte den Sprossenbaum hinab, lief durch den Wald, rief und hielt Ausschau nach Waa, aber sie konnte das Tier nirgends entdecken. Doch in der Nähe vom See hatte sie einen Papajabaum gefunden, sie nahm einige von den überreifen Früchten mit zur Höhle.

Kleiner-Weg schlief immer noch.

Aber er war jetzt unruhiger als am Morgen. Das Fieber kam mit neuer Gewalt über ihn. Mond-auf-dem-Wasser konnte nur noch neue Kräuter, Blätter, Lianen und Wasser holen, bevor der Fiebersturm abermals den Jungen schüttelte. Dabei mußte Kleiner-Weg zugleich starke Schmerzen spüren; denn seine Hände fuhren ständig über die Brust und zuckten nach der Schulter. Er warf sich stöhnend auf der Laubschütte hin und her.
Die Sinne kehrten ihm während des ganzen Morgens nicht wieder. Erst als die Sonne in ihrer Mittagshöhe stand, wurde Kleiner-Weg wieder ruhiger. Er lag jetzt sehr schlaff und völlig zusammengefallen da.
Zum ersten Mal kam über das Mädchen wilde Angst, daß seine Seele ihn für immer verlassen werde. Mond-auf-dem-Wasser schlug ihre Hände vors Gesicht und weinte. Dann setzte sie sich auf die Felsnase und überlegte, ob sie von ihrem Klan Hilfe holen sollte. Sicher könnte eine der alten Frauen mit ihr gehen, die sich auf Kräuter und heilkräftige Besprechungen verstanden. Einige der Mädchen und Jungen konnten ihr helfen, Waa zu suchen.
Mond-auf-dem-Wasser verwarf ihre Gedanken wieder. Sie konnte den Jungen unmöglich so lange allein lassen, bis sie vom Morgenufer wieder zurück wäre. Daß jemand ihr helfen würde, einen Wildhund zu suchen, den die Menschen bis dahin nur als Raubtier und Aasverzehrer, als eins der vielen Tieren kannten, deren Zähne dem Menschen gefährlich waren, konnte sie sich nicht vorstellen.

Aber wenigstens konnte sie das Blätterlager des Jungen jetzt erneuern. Mond-auf-dem-Wasser fand viel weiches trockenes Moos unter einem Abriß der Felswand, streifte junge Blätter von den Zweigen im Gebüsch und füllte das verschwitzte und durchnäßte Lager des Jungen neu auf. Sie zog ihm den Lendenbast aus, wusch den verschmutzten und verschwitzten Leib des Jungen und wünschte sich, sie könnte ihm ihre weiche Felldecke aus ihrem Schlafnest in der Höhle am Morgenufer unterlegen.

Noch zwei Tage und Nächte ging der heiße Atem des Fiebers über den Körper des Jungen.

Während dieser Zeit hatte Kleiner-Weg nur Wasser zu sich genommen, vorgekaute Bananen und winzige Stückchen Papaja.

Mond-auf-dem-Wasser mußte seinen Oberkörper mit beiden Armen halten und stützen, als er sich zum ersten Mal aufzurichten versuchte, um aus der Kalebasse zu trinken. Gierig trank er vom Wasser, verschluckte sich mehrmals und mußte husten. Das tat ihm sehr weh. Dann lag er wieder von allen Kräften verlassen auf der Laubschütte. Aber er hatte seine Augen geöffnet.

Wo ist Waa? fragte er, als er das Mädchen wieder mit vollem Bewußtsein anschaute. Ist er hier? Laß ihn doch zu mir kommen.

Waa war nicht da. Mond-auf-dem-Wasser hatte in den vergangenen Tagen immer wieder den ganzen Umkreis des Sprossenbaums nach einer Spur von ihm abgesucht. Waa blieb verschwunden.

Aber sie sagte: Ich will ihn dir suchen. Er muß hier in der Nähe sein. Ich werde ihn finden. Ich bringe ihn.
Kleiner-Weg schloß beruhigt die Augen. Als er sie nach einer Weile wieder öffnete, sagte er: Es ist gut, daß du da bist. Meine Seele war weit fort, seit der Leopard nach mir schlug. Hast du Spuren von ihm gesehen?
Nur seine alten Spuren sind unten am Baum, antwortete Mond-auf-dem-Wasser. Ich habe keine neuen Fährten entdeckt.
Kleiner-Weg hatte ihre Antwort schon nicht mehr gehört. Er war bereits wieder in tiefen Schlaf gesunken.
Du mußt Waa finden, redete Mond-auf-dem-Wasser sich zu. Er kann doch nicht tot sein. Ich hätte sonst seinen Körper oder wenigstens Knochenreste von ihm hier in der Nähe finden müssen.
Dieses Mal glaubte das Mädchen, den Jungen länger allein lassen zu können. Sie kam bei ihrer Suche bis an den Uferplatz, wo sie dem Jungen zum ersten Mal begegnet war. Hier fand sie endlich Waa, den Hund. Auf ihr Rufen kam er, an einem Hinterlauf hinkend, aus dem Gezweig, setzte sich, den wehen Hinterlauf von sich gestreckt, schaute das Mädchen an, hob die Schnauze und stieß klagende Töne aus.
Waa! rief das Mädchen und ging mit langsamen Schritten auf den Wildhund zu. Denn sicher mußte es Waa sein, dachte sie. Sonst hätte er nicht auf ihre Stimme gehört.
Mond-auf-dem-Wasser kniete nieder und bückte sich zu dem Hund, der ihr mit der Zunge über das Gesicht fuhr.

Wo warst du? fragte das Mädchen glücklich. Warum bist du denn nicht zurückgekommen! Hast du die Großpfote vor der Höhle gefürchtet? Hast du gedacht, er wartet dort, um dich zu zerreißen? Der Leopard ist fort, Waa! Komm, wir gehen. Kleiner-Weg wartet auf uns.
Der Hund machte ein paar langsame Schritte. Aber dann setzte er sich wieder hin und heulte klagend mit hocherhobener Schnauze.
Mond-auf-dem-Wasser legte sich auf den Bauch, um den Hinterlauf des Hundes zu untersuchen. Waa knurrte sie böse an und zeigte ihr seine starken Zähne, als sie die verletzte Stelle mit den Fingerspitzen berührte. Das Mädchen hatte gesehen, daß keine Schwellung mehr zu sehen war und daß die tiefen Spuren der Reißkrallen bereits am Verheilen waren. Sie versuchte nochmals, den Hund zum Mitgehen zu bewegen. Aber Waa blieb sitzen und fiepte jämmerlich.
Du weißt nicht, wo er ist, sagte das Mädchen. Du denkst, er sei schon fort bei den Schatten. Aber Kleiner-Weg wartet auf dich. Wir müssen schnell zu ihm.
Dann nahm sie Waa auf und legte seine Schnauze an ihren Hals. Wie leicht war er geworden! Seine Rippen drückten scharf gegen ihre rechte Brust, und Mond-auf-dem-Wasser spürte, wie Waa am ganzen Körper vor Schwäche zitterte. Das Mädchen bemühte sich, nicht an seinen verletzten Lauf zu stoßen. Sie trug den Hund bis zur Höhle und stieg mit ihm den Kletterbaum hoch.
Kleiner-Weg sah sie, als ihr Kopf, ihre Schulter und die Schnauze von Waa über der Felsnase erschien.

Waa, rief er glücklich mit matter Stimme. Waa, bist du da!
Mond-auf-dem-Wasser setzte den Wildhund ab, der vor Freude jaulte und mit einem Satz auf den Jungen lossprang, ihm stürmisch die Nase ins Gesicht stieß, so daß Kleiner-Weg sich unter Lachen und Schmerzen zugleich wehren mußte.
Komm auf die andere Seite, sagte Kleiner-Weg. Leg dich zu mir. Du bist ein tapferer Hund. Wenn du nicht gewesen wärst, würde ich jetzt bei den Schatten sein. – Hast du gesehen, ob er verletzt ist? fragte Kleiner-Weg das Mädchen.
Es sind nur Schrammen an seinem rechten Hinterlauf, antwortete sie und lächelte dem Jungen zu. Er zieht das Bein ein bißchen nach.
Vor Freude füllten sich ihre Augen mit Tränen, als sie sah, daß die Seele von Kleiner-Weg endlich wieder zurückgefunden hatte. Sie hockte sich zu ihm. Sein Bein wird aber bald wieder gut sein, sagte sie, seine Wunden heilen. Du wirst auch wieder gesund werden, und dann gehen wir beide zum See schwimmen und werden unsere Bilder auf dem Wasser wiederfinden.
Kleiner-Weg merkte in den nächsten Tagen, wie seine Kräfte zunahmen. Er schaute dankbar zu dem Mädchen hinüber. Nachts wärmte sie seinen Körper und tagsüber sah er ihr zu, wie sie seine Wunden versorgte und Feuer schlug. Er nahm gern das Essen aus ihrer Hand. Sie ist wie Älteste Schwester meinem Herzen nah, sprach er zu sich.

Mond-auf-dem-Wasser war in diesen Tagen bloß einmal zu ihren Leuten zurückgegangen. Sie hatte den Fischjägern von dem verletzten Jungen erzählt. Die hatten sie nicht wieder ans Leopardenufer bei der Abendseite des Sees zurücklassen wollen. Da war sie zu ihrer Bauminsel geschwommen und von dort zu dem Jungen zurückgekehrt, noch bevor die Sonne in ihre Schlafhöhle gegangen war.

Ich habe ihnen von dir erzählt, berichtete sie dem Jungen. Wenn du wieder stark bist, wollen wir zu ihnen gehen. Du kannst bei uns bleiben, da bin ich sicher. Jedenfalls darf niemand dir etwas tun.

Sie hatte nachgedacht und dann vorgeschlagen: Nimm das gezähmte Feuertier als Geschenk für sie mit! Dann werden sie sehen, wie stark du bist, und sie werden froh sein, wenn du bei uns bleibst.

Kleiner-Weg nickte. Das war ein guter Einfall.

Aber schon bald kamen ihm auch Bedenken. Was würde geschehen, wenn er das Feuer bei den Fischjägern nicht aus den Steinen hervorlocken konnte? Oder wenn es dort kein Fressen annehmen wollte? Was würden dann die Fischjäger von ihm denken? Kleiner-Weg runzelte die Brauen und dachte nach.

Wir müssen uns überlegen, sagte er endlich zu dem Mädchen, wie wir das Feuer aus seinem Nest nehmen und lebendig zu ihnen bringen. Denn es ist schwer mit euren oder mit meinen Worten zu erklären, wie man das rote Tier an den Menschen gewöhnt.

Sie grübelten in den nächsten Tagen fast ununterbrochen, wie sie das Feuertier lebendig zu der Wohnstätte der Seeleute mitnehmen konnten.
Zuerst meinte Kleiner-Weg: Wir können einen dicken, glühenden Ast in große, frische Blätter so fest einpakken, daß es dem Feuer den Atem nimmt, und wir können dann versuchen, es an eurem Ufer wieder zum Leben zu erwecken.
Er steckte einen starken Ast ins Feuer. Unterdessen rannte das Mädchen bis hinunter zu den Bananenstauden, brachte frische Blätter und sogar noch ein paar braunverfärbte Früchte mit. Kleiner-Weg zog den Ast aus dem Feuer, legte ihn in die grünen Blätter, machte eine dicke Verpackung um den Ast, schnürte Lianen darüber, und dann ließen sie den Ast für eine geraume Zeit auf der Felsnase liegen.
So hast du ausgesehen, sagte Mond-auf-dem-Wasser, genau so, als du unter deinen Verbänden gelegen hast. Ich habe dich richtig eingeschnürt.
Kleiner-Weg mußte darüber lachen. Du, sagte er dankbar zu Mond-auf-dem-Wasser, du hast mir das Leben wiedergebracht, als meine Seele schon unterwegs war zum Land hinterm Himmelsrand. Wir gehören zusammen. Meine Seele hängt an dir, ich möchte bei dir bleiben.

Mond-auf-dem-Wasser berührte seine Hand. Zwischen uns soll ein Bund sein, sagte sie ruhig und schaute den Jungen unverwandt mit ihren großen Augen an. Wo du hingehst, will auch ich hingehen.

Schweigend hatten beide dagesessen und die Bananen gegessen. Dann holte Kleiner-Weg das verpackte Holzstück. Die Blätter dampften und waren, als er sie auseinanderschlug, in den untersten Lagen gelb und trocken wie verdorrtes Moos. Aber die Kraft des Feuers schien das Holz verlassen zu haben. Kleiner-Weg blies seinen Atem darauf, aber es dampfte nur noch ein wenig.

Nichts, sagte der Junge enttäuscht, nahm den angekohlten Ast und schwenkte ihn ein paar Mal hin und her. Zu beider Erstaunen begann der Ast stärker zu rauchen und zu dampfen, darunter wurde sogar ein Glutfaden sichtbar. Da wirbelte Kleiner-Weg mit der ganzen Kraft seines gesunden Armes den Ast über seinem Kopf, und wirklich, als er einhielt, züngelten rot und gelbblau die Flammen hervor.

So können wir es machen! rief er Mond-auf-dem-Wasser zu. Ja, lebendig können wir das Feuertier mit uns nehmen! Und wenn uns der Namafresser, der Dickauge begegnet, dann werden wir die Kraft des Feuers gegen ihn erwecken! Er wird es nicht mehr wagen, sich uns zu nähern.

Ja, sagte das Mädchen, du hast recht. Aber auch meine Leute werden dich fürchten, wenn du mit wirbelndem Arm die Kraft des Feuers in ihrer Mitte erweckst. Sie

werden vorher ihre Speere auf dich werfen! Nein, so können wir es nicht machen.
Nochmals überlegten sie. Da hatte Mond-auf-dem-Wasser einen neuen Einfall: Wir werden sein Schlafnest nehmen und das Feuertier in seinem Nest ans Morgenufer tragen, sagte sie. Ich weiß, wie es geht.
Mond-auf-dem-Wasser nahm das runde Kalebassegefäß, hüpfte von der Mitte des Sprossenbaums aus auf den Boden und rannte zu der Sickerquelle am Fels, grub mit den Händen nach feuchter Erde und verschmierte damit fingerdick das Innere des Gefäßes.
Aber wie soll ich das Feuer aus seinem Nest heben? dachte sie. Sollte sie sich auch die Hände lehmig einschmieren? Oder würde sie damit das Feuertier erdrücken?
Mond-auf-dem-Wasser schaute auf dem Boden umher, um ein anderes Gerät zu finden. Sie wußte noch nicht, wonach sie suchte. Nach einer Weile entdeckte sie unweit der Sickerquelle auf einer Lichtung den weißen Schulterblattknochen eines Buschböckchens. Sie lief zur Höhle zurück, nahm den Schulterknochen, hob damit behutsam die Glut auf, bis sie rot aus dem Gefäß leuchtete.
Kleiner-Weg hatte sich neben sie gekniet und schaute gebannt zu.
Ja, sagte er schließlich, so wird es gehen. Wir legen darauf noch einen Packen mit grünen Blättern, daß es unterwegs nicht atmen kann und uns verrät.
Sie ließen die Kalebasse, die sich bis an die Außenhaut

erwärmte, auf der Felsnase stehen. Als die Sonne ein Stück weitergegangen war, nahmen sie die Blätter oben ab, schütteten darauf langsam die heiße, schwarze Holzkohle aus dem Gefäß, rieben darüber dürre Blätter pulvrig, bliesen, und das Feuer erwachte so hastig, daß beide ihre Köpfe schleunigst wegziehen mußten.
Das ist gut, rief Kleiner-Weg und schnalzte laut vor Freude. Wir wissen jetzt, wie wir das Feuertier lebendig bei uns tragen können. Nur müssen wir es gut bewachen, damit es nicht fortspringt, über das Grasland läuft und es abweidet.
Mond-auf-dem-Wasser und Kleiner-Weg schauten sich an, grinsten vergnügt und mußten dann vor Erleichterung laut auflachen. Alles würde jetzt gut werden.
Für die nächsten Tage hatten sie sich den Weg zum Morgenufer vorgenommen. Der Junge hatte Mond-auf-dem-Wasser nicht nach den Namen der einzelnen Fischadlerleute gefragt. Es würde sie argwöhnisch machen, aus dem Mund eines Fremden ihre Namen zu hören. Sie mußten ihm schon selbst ihre Namen sagen. Das würden sie erst tun, wenn sie ihm trauten. Denn mit dem Namen kann einer auch die Seele des anderen rufen und hat Macht über sie.
Kleiner-Weg ließ sich Gestalt und Gesicht der Frauen und Männer und jungen Leute beschreiben. Er erfuhr, daß die Stimme einer sehr alten Frau und das Wort eines Mannes mit der Kraft eines Flußpferdes besonders großes Gewicht bei den Fischadlerleuten besaßen. Der Junge erinnerte sich daran, einen untersetzten Mann,

auf den die Beschreibung des Mädchens zutreffen mochte, am Seeufer gesehen zu haben.

Als sie morgens die Höhle mit dem Sprossenbaum verließen, nahm Mond-auf-dem-Wasser die Feuerkalebasse, damit Kleiner-Weg ihren Leuten seine offenen Hände zeigen konnte. Sie kämmte dem Jungen auch das Haar, wie die Männer am See es trugen, band die Haarsträhnen hinten im Nacken zusammen, und Kleiner-Weg hing seine Flechttasche mit dem Fauststein und den Feuersteinen unter den rechten Arm.

So gingen sie los. Kleiner-Weg spürte, wie sich Magen und Brust vor Anspannung zusammenzogen. Sein Herz schlug hart gegen die Rippen.

Mond-auf-dem-Wasser sah ihm den Druck angstvoller Erwartung an und versicherte ihm: Sie werden dir nichts tun, bestimmt nicht. Sie fürchten sich doch nicht vor einem einzelnen Fremden. Ich habe ihnen gesagt, daß die Schatten deiner Familie im Land hinterm Himmelsrand wandern und daß du allein mit dir hergekommen bist.

Aber was werden sie dann zu Waa sagen? fragte Kleiner-Weg. Vielleicht werden sie ihre Speere gegen ihn erheben.

Nimm ihn ans Band, riet das Mädchen, damit du ihn halten kannst. Dann werden sie ihn wohl in Frieden lassen.

Bereits am Bach, der die Grenze zum Abendwald bildet, trafen sie auf eine Gruppe von Fischjägern. Die Fischadlerleute schauten prüfend die beiden Ankommenden an.

Kleiner-Weg gab dem Mädchen die Leine von Waa und zeigte seine offenen Hände.
Ich komme mit eurer Schwester, rief er über den Bach. Ich bin allein, niemand sonst folgt mir. Nur Hund, den ich mit Namen rufe, geht mit mir.
Die Leute, eine Frau, ein älterer Mann und eine jüngere Frau, die zwei Fischreusenkörbe trug, nickten. Ein Junge, jünger als Kleiner-Weg, wollte Mond-auf-dem-Wasser entgegenlaufen. Aber der Mann mit dem Speer hielt ihn zurück.
Die ältere Frau fragte Mond-auf-dem-Wasser: Bringt er uns den Wildhund als Geschenk? Sollen wir ihn essen?
Das Mädchen antwortete: Der Hund wohnt in seinem Schatten und ist Begleiter des Jungen. Er hat einen Namen; denn zwischen ihnen ist Freundschaft.
Der Junge machte mit der Hand das Abwehrzeichen gegen den Bösen Blick, als Waa ihn anschaute, an der Leine zog und über den Bach wollte. Kleiner-Weg nahm die Schnur aus der Hand des Mädchens und hielt den Hund dicht bei seinen Zehen.
Nun redete auch der Mann: Sage ihm, er soll hier warten, rief er Mond-auf-dem-Wasser zu. Du gehst mit. Wir werden uns mit den Ältesten besprechen und bis Mittag wiederkehren!
Mond-auf-dem-Wasser und Kleiner-Weg sahen einander an und zwinkerten sich zu. Sie gab ihm die Feuerkalebasse in die Hand und drehte sich um. Da rief der Junge neben der älteren Frau plötzlich: Es riecht wie der Atem des roten Feuertiers!

Kleiner-Weg schaute aus den Augenwinkeln verstohlen zur Kalebasse, aber kein Rauch verriet, daß darin das Feuertier schlief.
Ich komme aus dem brennenden Grasland, sagte Kleiner-Weg langsam. Der Atem des Feuers hat mich seitdem nicht verlassen.
Mond-auf-dem-Wasser atmete auf, als der Fischjägermann nur die Schultern zuckte und zum Sammelpfad der Fischjäger hinüberging.
Bald hatte Kleiner-Weg die Gruppe aus den Augen verloren. Zwischen den beiden Steinblöcken, wo er gesessen hatte, als er das Mädchen zum ersten Mal sah, stellte er die Kalebasse auf einen flachen Stein und setzte sich auf seine Fersen. Von hier aus konnte er bis auf den Uferpfad schauen.
Es war noch nicht die Zeit der Mittagsschatten, als er einige Kinder sah, die in der Ferne stehenblieben, um sich schauten, weil sie das Gesicht des Fremden und das Tier an seiner Hand sehen wollten. Sie sahen in seine Richtung, zeigten mit dem Finger nach ihm, trauten sich aber nicht, bis in die Nähe des Seeuferbachs und der großen Steine zu kommen. Sie gingen bald wieder durchs Wasser am Strand entlang fort.
Kleiner-Weg sah das Bild des Jungen vor sich, der vor vielen Monden, einer Trocken- und einer langen Regenzeit, vom Grasland hierher gekommen war und zum ersten Mal bei den Steinen gestanden hatte, wo er jetzt saß und wartete. Er hatte die fremden Menschen gefürchtet. Jetzt hatte er mit ihnen gesprochen. Er

wünschte sich sehr, den Schlafplatz und das Essen mit den Fischjägern teilen zu dürfen.
Die Schatten der Steine wuchsen über den Mittag. Dann kamen sie. Es war der Mann, der am Morgen hiergewesen war. Zwei Männer begleiteten ihn. Sie hatten ihre Speere in der Hand. Kleiner-Weg erhob sich. Einen der Männer erkannte er als den Flußpferdmann, den Mond-auf-dem-Wasser ihm beschrieben hatte.
Kleiner-Weg erhob grüßend die Hände. Sie winkten den Jungen in ihre Nähe und bedeuteten ihm stumm, er solle sich ihnen anschließen. Mit Waa und der Feuerkalebasse ging Kleiner-Weg hinter ihnen her.
Den Sammlerpfad der Fischjäger war er bisher noch nicht gegangen. Er achtete aufmerksam auf seine Umgebung, jederzeit bereit, sich zu verteidigen oder umzukehren. Als er sich einmal umdrehte, sah er ein paar jüngere und ältere Kinder, die geräuschlos in sicherem Abstand hinter ihnen durch die Büsche huschten. Endlich sah er den Wohnplatz der Fischadlerfamilie. Hier saßen sie alle zusammen unter einem breiten Acajoubaum in der Nähe des Wassers. Wo ihre Höhle war, konnte er nicht entdecken. Kleiner-Weg zwang sich, seine Schritte ruhig zu halten, obgleich er spürte, daß seine Knie gespannt waren wie die Sehnen des Jägers, der plötzlich vor sich im Gras das verwundete Warzenschwein sieht, das mit gesenktem Kopf seine Verfolger erwartete.
Kleiner-Weg nahm die Kalebasse und die Schnur von Waa in eine Hand und hob grüßend die Linke.

Ich komme mit offenen Händen, sagte er dem Flußpferdmann, der stehengeblieben war und sich umgedreht hatte. Ich gehe mit mir allein. Niemand sonst folgt meinen Fersen.
Inzwischen waren auch die anderen Mitglieder der Familie aufgestanden und in seine Nähe gekommen. Es waren viele, sehr viele. Die Sippe der Fischadlerleute war umfangreich wie ein Baobabbaum.
Der Flußpferdmann, neben dem jetzt auch eine sehr alte, weißhaarige Frau stand, setzte sich nieder und machte dem Jungen ein Zeichen, sich ebenfalls niederzulassen. Kleiner-Weg stellte die Kalebasse ab, wand Waas Leine um die Hand und setzte sich auf seine Fersen.
Jetzt sprach die alte Frau: Wer sind deine Leute? Wo sind sie? Welches Tier schützt eure Seelen?
Kleiner-Weg zögerte, der Fremden ohne weiteres den Klan-Namen seiner Sippe preiszugeben. Die Schatten der Seinen könnten darüber unwillig sein. Das mußte eigentlich auch die alte Frau wissen. So sagte Kleiner-Weg nur: Das Feuertier hat im Grasland geweidet. Ich bin allein übriggeblieben.
Die Frau schien sein Verhalten zu billigen. Du sprichst mit bedächtigem Mund, Junge, sagte sie. Es wird schwer sein, zu prüfen, ob deine Worte krumm sind oder gerade.
Jetzt zeigte der Flußpferdmann auf Waa und sagte: Mir ist gesagt worden, er redet und hat einen Namen. Befiehl ihm, daß er sprechen und sagen soll, warum er den Schritten eines Menschen folgt.

Nein, erklärte Kleiner-Weg. Er kann nicht sprechen.
Er schaute auf die vielen Gesichter im Halbkreis um ihn. Er suchte Mond-auf-dem-Wasser mit seinen Augen. Endlich sah er sie.
Fragt eure Schwester. Sie wird euch bestätigen, daß Hund nicht reden kann. Aber ich gab ihm einen Namen, und er folgt meinen Fersen, weil ich seine Seele an meine gewöhnte.
Der bullige Mann überging die Erwähnung des Mädchens und entgegnete: Es ist uns nicht von den Alten überliefert, ob es gut ist, daß die Seelen von Tieren und Menschen sich aneinander gewöhnen. Was sagten eure Ältesten, als du ihn an dich gewöhntest? Oder folgten Tiere des Graslands wie dieser Wildhund auch ihren Schritten?
Nein, antwortete Kleiner-Weg. Er fand es auf einmal sehr schwer, alles zu erklären und hatte das Gefühl, er müsse bei jedem seiner Worte sich erst mit seinen Gedanken besprechen. Dann sagte er: Ich fand den Hund im Grasland, als ich allein umherirrte und mein Herz schwer war vor Einsamkeit. Da nahm ich mir den Hund zum Gefährten.
Begleitet er dich immer? fragte eine junge Frau mit einem Brustkind im Tragsack, das ihr über die Schulter schaute. Wo bleibt der Hund nachts?
Ich teile meinen Schlafplatz mit ihm, erklärte der Junge und zog Waa an sich, der plötzlich feindselig knurrend die Zähne zeigte. Vielleicht spürte Waa ihr Mißtrauen, dachte Kleiner-Weg. Ich muß sehr vorsichtig sein.

Er sagte: Der Hund kann des Menschen Freund sein. Mich hat er vor dem Leoparden gerettet, der mich drüben am Abendufer angefallen hat! Kleiner-Weg zeigte auf die frischen breiten Wundstriemen auf seiner Brust und an seiner Schulter. Der Hund lernt es, sein Vertrauen den Menschen zu schenken, denen ich seinen Namen sage.

Die Fischjäger sprachen halblaut miteinander. Ein Krabbelkind kroch in den Halbkreis und patschte mit den Händen in der Richtung von Waa. Sofort war seine Mutter bei ihm und riß das Kleine am Arm zurück. Er reißt dich, rief sie. Guck, er hat spitze Zähne, die dich beißen.

Kleiner-Weg hatte gehofft, Mond-auf-dem-Wasser werde sich mit ihm für Waa bei den Ihren verwenden, aber sie saß mit verschlossenem Mund unter den jungen Leuten und schaute bloß hin und wieder zu ihm hinüber, fast wie zu einem Fremden. Einmal nur hatte sie ihm ein schnelles Lächeln zugeworfen. Das gab dem Jungen wieder Mut.

Als Flußpferdmann sich ihm wieder zugewandt hatte, berichtete Kleiner-Weg: Noch ein anderes Tier habe ich an mich gewöhnt. Ich habe das Feuertier gezähmt, das im Grasland weidet.

Die Fischadlerfamilie verstummte. Sie schauten ihn mit unsicheren, zweifelnden Augen an.

Ja, sagte Kleiner-Weg, ich habe das rote Tier gezähmt, und ich trage es bei mir. Hier in dieser Kalebasse.

Aus dem Halbkreis kam Spottgelächter.

Die alte Frau gebot mit einer Handbewegung Ruhe und sagte: Wir haben unsere Schwester, die bei dir war, davon reden gehört. Aber wir haben ihr nicht geglaubt. Ich sehe, daß wir recht hatten. Niemand könnte das Feuertier, mit dem Menschen sogar Elefanten jagen, bei sich tragen.
Doch, widersprach Kleiner-Weg laut, man kann es. Ich will es euch zeigen.
Er stand auf, wußte aber nicht, wo er Waa lassen sollte. Da kam Mond-aus-dem-Wasser und nahm Waas Schnur. Kleiner-Weg ging ein Stück zum See, stellte die Kalebasse ab, holte Laub und Äste, machte dem Feuer ein steinumringtes Nest und öffnete die Kalebasse.
Die Fischjägerleute waren ihm zuerst murmelnd und dann laut durcheinanderredend gefolgt. Jetzt verstummten alle und sahen neugierig zu, wie der Junge die Kalebasse umdrehte, die heiße Holzkohle auf das Laub schüttete, zerriebenes Trockenlaub darüber streute und das Feuer mit seinem Atem entfachte.
Ejeh! schrie ein Junge. Mit Schrecken in den Augen gingen die Fischjäger zurück, als die Flammen aus dem Nest des Feuertiers sprangen.
Neben der alten Frau, die sich nicht von der Stelle rührte, war nur Flußpferdmann in der Nähe des Jungen stehengeblieben. Stumm schauten sie den Jungen, dann das Mädchen an, das sich neben Kleiner-Weg vors Feuer gehockt hatte.
Endlich sagte die alte Frau: Es ist, wie du sagst. In deinem Mund ist Wahrheit. Du hast das Feuertier

schwach und fügsam gemacht. Es nimmt Nahrung aus deiner Hand, sättigt sich und tut, was du ihm gebietest. In der Kalebasse hast du es mit dir getragen. Du mußt sehr stark sein, daß du mächtiger bist als das rote Tier, vor dem sich sogar die stampfenden Flußpferde und alle Menschen am See und im Grasland fürchten. Doch bist du noch kein Mann, sondern ein Junge.
Es ist nicht schwer, das Feuer zu zähmen. Kleiner-Weg lachte ihr zu. Man kann nicht mit ihm reden wie mit einem Menschen oder wie ich mit dem Hund. Aber man kann seine Seele erforschen. Dann tut das Feuer, um was der Mensch es bittet.
Wozu trägst du es bei dir? wollte der Mann von ihm wissen. Hat es Kraft, dich zu schützen?
Ja, sagte Kleiner-Weg. Es schützt die Höhle und die Wege der Menschen. Es kann sie in der Regenzeit und in der Nachtkühle wärmen. Es leuchtet ihnen in der Finsternis wie tagsüber die Sonne. Vielleicht ist es das Feuer, das Älteste Schwester vergaß, Schlangenhals, dem Himmelsvogel, zu entreißen, nachdem sie den Menschen das Leben, die Tiere des Graslands und das Tageslicht der Sonne zurückgebracht hatte.
Kleiner-Weg hatte sich vor lauter Eifer unversehens in die Geschichte des Anfangs und der Ältesten Schwester hineingeredet, deren Worte nur die Allerältesten und Alten aussprechen dürfen. Er bemerkte nicht, daß die Gesichter von Flußpferdmann und alter Frau verschlossen und abweisend wurden.
Beide drehten sich, ohne ein Wort zu sagen, um und

gingen mit den übrigen Fischjägern unter den Acajoubaum.
Kleiner-Weg schaute das Mädchen ratlos an, aber Mond-auf-dem-Wasser hob nur die Schultern, und ihr Blick verriet, daß sie nicht wußte, was plötzlich den Unwillen der beiden erregt hatte.
Da hatte Mond-auf-dem-Wasser einen Gedanken. Sie überließ Waa dem Jungen, lief unter die Bäume und kam nach kurzer Zeit mit mehreren Fischen wieder.
Kleiner-Weg begriff, was sie wollte. Sie nahmen die Fische aus, brieten sie in der heißen Holzkohle, brachen sie auseinander, daß man das weiße Fleisch unter der dunklen Kruste sehen konnte, und das Mädchen brachte das geschmorte Fischfleisch auf Blättern hinüber zu ihrer Familie. Kleiner-Weg konnte sie vom Feuerplatz aus beobachten, wie Mond-auf-dem-Wasser selbst ein Stück in ihren Mund nahm und kaute. Sie zeigte den anderen, daß man das weiße Fleisch essen konnte.
Bald griffen alle zu, und das Mädchen kam fröhlich zurückgelaufen. Ich soll dich fragen, ob noch mehr Kraft in dem Feuer ist, Fleisch warm und weich zu braten, rief sie außer Atem. Ich hole schnell noch mehr Fische.
Das Essen hatte geholfen. Immer mehr Leute der Fischjägerfamilie kamen näher zum Feuer, junge und ältere, Frauen und Männer, auch Flußpferdmann und die alte Frau. Sie redeten angeregt und ausgelassen miteinander, streckten die Hälse vor, hielten die Kleinkinder auf dem Arm und zeigten auf das Feuer. Alle waren plötzlich vergnügt und lachten.

Kleiner-Weg erzählte der weißhaarigen Frau und dem untersetzten Mann, was er bisher über die Kraft des Feuers in Erfahrung gebracht hatte.
Die alte Frau hörte besonders aufmerksam zu, unterbrach ihn mit immer neuen Fragen, berührte dann sogar mit der mageren Hand seinen Arm und sagte: Junge, das Fleisch aus dem Nest vom Feuer ist gut für einen Mund, der keine Zähne mehr hat. Und warm ist die Kraft der Fische in mir, die unsere Schwester brachte.
Ich möchte meinen Schlafplatz bei euch haben, Mutter, bat Kleiner-Weg. Ich möchte wieder unter Menschen wohnen. Erlaube mir bitte, bei euch zu bleiben.
Flußpferdmann hatte dabeigestanden und zugehört. Er und die Frau antworteten dem Jungen nicht, winkten aber jetzt den Klan zusammen und setzten sich wieder in den breiten Schatten des Acajoubaums.
Sie beraten jetzt meine Bitte, sagte sich Kleiner-Weg. Es ist gut, wieder unter vielen Menschen zu sein, mit ihnen zu essen, das Reden, Lachen und Rufen der Kinder und Alten, der Jäger und Frauen zu hören, sich unter ihnen aufgehoben und geborgen zu wissen.
Auch Mond-auf-dem-Wasser war den Ihren gefolgt, und so saß Kleiner-Weg zuletzt ganz allein am Feuerplatz und wartete auf die Antwort und den Beschluß der Fischadlerleute. Er gab dem Feuer neue Nahrung, suchte ein paar dickere Aststücke, legte sie im Kreis mit den Spitzen zueinander in die heiße Asche und wußte, daß das Feuer lange brennen würde.
Als die Antwort kam, war es schon fast die Zeit der

Abendschatten. Die alte Frau und Flußpferdmann brachten ihm das Wort ihres Klans. Kleiner-Weg stand auf, um ihren Beschluß zu vernehmen.

Zuerst redete die alte Frau. Du kannst unsere Jagd mit uns teilen, verkündete sie. Von den Fischen des Sees sollen dir gehören, wieviel immer du willst. Unsere Leute werden nicht den Speer gegen dich heben, wenn sie dich sehen. Nur unseren Schlafplatz wollen wir nicht mit dir teilen. Denn du gehst mit fremden Dingen um, und wir wissen nicht, ob es gut oder schlecht für die Menschen ist, was du tust.

Ja, sagte Flußpferdmann, du fragst nicht nach dem Rat der Alten. Das ist es, was wir deutlich deinen Worten entnahmen. Du hast sogar die Rede der Ahnen in deinem Mund wiederholt, ich meine das Geheimnis von Älteste Schwester, das allein die Alten bewahren.

So ist es, stimmte die weißhaarige Frau dem Mann zu. Deswegen können wir den Schlafplatz und unsere Speisen nicht mit dir teilen. Hüte dich auch, fuhr sie fort, unserer Wohnstatt zu nahe zu kommen. Bis dort an jene Landzunge magst du frei gehen, wann immer du zu unserem Ufer kommst. Dann aber gehe nicht weiter, sondern bitte um Erlaubnis, ehe du dich näherst.

Ich höre, sagte Kleiner-Weg. Aber eure Worte sind mir eine schwere Last. So gehe ich nicht frei, sondern beschwert wieder fort. Darf das Mädchen, das meine Schwester geworden ist, mit mir sein? Darf sie mich treffen und sehen wollen?

Wir haben es besprochen, sagte die Frau. Sie mag

entscheiden, wie sie will. Geht sie zu dir, sei es ihr Wille. Aber zurückkehren kann sie nicht, es sei denn, daß sie uns riefe!
Dann blickte sie auf das Feuer und lächelte ihm mit dem zahnlosen Mund zu. Das Feuertier, sagte sie, behalten wir hier. Als dein Geschenk. Ich habe seine Kraft aus deinen Worten gelernt. Ich selbst werde es hüten. Die Zeit der Nachtdämmerung ist da. Geh jetzt, daß dich nicht die Finsternis überfällt wie ein reißendes Tier.
Grußlos gingen die beiden zurück zu den Fischjägern, die unter dem Acajoubaum standen und zu ihm hinüberstarrten.
Kleiner-Weg blieb und wartete. Da kam Mond-auf-dem-Wasser langsam zu ihm hinüber. Ich muß erst die Worte der Meinen mit mir im Herzen besprechen, sagte sie, legte ihre Hand auf seinen Arm, drehte sich um und rannte zurück unter den Baum.

Die Himmelsbilder

Als Kleiner-Weg über den Sprossenstamm hinauf zur Höhle kletterte, war seine Seele wie eine Schwalbe, die heimgeflogen ihr Nest zerrissen findet. Er setzte sich, mit Waa auf dem Schoß, und schaute über den See, der unter dem scheidenden Tageslicht grau schimmerte. Kleiner-Weg wünschte, wenigstens Älteste Schwester erhöbe jetzt ihr Angesicht und würde ihn trösten.
Dort, wo die Fischjäger wohnten, sah er einen schmalen Rauchfaden über der Dunkelheit des Waldes in der klaren Abendluft stehen. Er wußte, daß das rote Tier bei den Leuten am See bleiben würde.
Weit weg waren noch jene Tage, Kleiner-Weg konnte sie nicht sehen – wo die Ältesten und Alten der Menschensippe die Geschichte von Ältester Schwester und Schlangenhals, dem Himmelsvogel, den nachfolgenden Geschlechtern weiter überliefern würden, wie er sie ihnen heute erzählt hatte, und daß ein Junge dem Himmelsgeier sein Geheimnis entrissen hatte, das Feuer zähmte und den Menschen wiederbrachte, das Feuer, das ihre Nächte erhellt und wärmt und ihnen Schutz bietet vor den Gefahren der Nacht.
Lange saß Kleiner-Weg, bis Älteste Schwester endlich über den Himmelsrand stieg und ihr Gesicht auf dem Wasser schwamm. Der Junge saß reglos. Der Atem hob kaum seine Brust.

Er erwachte erst aus seiner Erstarrung, als er Schritte hörte. Seine Hand faßte nach dem Sprossenstamm, um ihn von der Felsnase wegzustoßen, als er seinen Namen hörte. Es war Mond-auf-dem-Wasser, die seinen Namen zu ihm hinauf in die Finsternis rief. Sie stieg den Sprossenstamm empor, setzte sich bei ihm nieder und sagte: Kleiner-Weg, die Fischjäger haben ihren Fauststein in der Hand. Flußpferdmann ist es, der ihnen sagt, daß in deinem Schatten fremde Dinge geschehen, welche die Seelen der Ahnen erregen. Unheil bringt deine Gegenwart hierher an den See, das sind seine Worte! Sie haben beschlossen, dir nachzustellen, um dich zu vertreiben.

Und du, fragte Kleiner-Weg noch immer reglos. Was sagst du?

Mond-auf-dem-Wasser sagte nichts. Aber sie legte ihre Hand auf seine Schulter. Unter ihren Fingern spürte sie die Risse der Leopardenpranke in dem Fleisch, das unter ihrer Hand geheilt war.

Noch in der Nacht brachen sie auf.

Sie fanden im Dunklen den Weg über die Klippen hinter dem See. Der Mond leuchtete ihnen mit abnehmendem Licht, und sie gingen so weit, bis sie wußten, daß ihnen die Jäger vom See nicht mehr folgen würden. Als sie sein Wasser nicht mehr sahen und die Kälte der Nacht sie durchdrang, setzten sie sich unter einen Felsabriß über einem fremden Tal, schlugen Feuer und wärmten sich daran.

Schweigend waren sie nebeneinander gegangen, seit sie

die Höhle mit dem Sprossenstamm verlassen hatten. Waa war ihnen gefolgt. Das Feuer vor sich und das Gesicht des Mondes über sich, blickten beide hinaus in die Nacht. Da sagte Kleiner-Weg: Ich nenne Mond, der Ältesten Schwester, deinen Namen. Sie kennt dich, und sie kennt mich. Zweimal sehe ich dich. Ich sehe dich hier und in ihrem Gesicht.

Das Mädchen wies auf die Milchstraße zwischen den Sternen: Zweimal bist auch du für mich da. Neben dem Mond geht der Große Weg, und so nah bist du, Kleiner-Weg, für mich. Schau, sagte sie, die Sterne dort sind wie die Schnauze von Waa, dem Hund. Zweimal ist auch er da. Hier und dort in seinem Bild.

Im Feuerschein sah Kleiner-Weg Tränen in den Augen von Mond-auf-dem-Wasser.

Weinst du? fragte er ... Die Alten sagen, daß die Sterne Tränen sind, die Älteste Schwester vergoß, als die ihren sie verstießen. Ich weiß nicht, ob es so ist. Vielleicht ist im Himmel noch eine andere Kraft. Aber wir kennen sie nicht.

Nein, sagte Mond-auf-dem-Wasser, wir kennen die Kraft des Himmels nicht.

Nachwort

Die Bezeichnung *Großpfoten* fand ich in einem afrikanischen Buschmannmärchen als Sammelname für Großkatzen: Geparden, Löwen und Leoparden. Auch das Wort *Namafresser* kommt dorther. Ich weiß nicht genau, was es bedeutet. Aber es klingt sehr böse, gefährlich, und in diesem Sinn habe ich es hier gebraucht. *Ein Totemtier* ist das heilige Schutztier, das über eine Sippengruppe wacht. Die Menschen verehren es. Man darf es nicht verletzen oder jagen. Die *Kalebasse* ist ein dickwandiger ausgehöhlter Kürbis zum Wassertragen oder Beerensammeln. Aus *Obsidian* schlägt sich Kleiner-Weg einen Fauststein. Es ist ein vulkanisches Gestein. *Pyrit* ist ein Mischgestein mit großen Bestandteilen aus Eisen und Schwefel.

Kleiner-Weg lebt in der Frühmenschenzeit, hunderttausend Jahre und noch weiter zurück. Seine Heimat ist das ostafrikanische Seengebiet. Viele Leute denken, die ersten Menschen wären „halbe Tiere“ gewesen (die Bezeichnung „Tier“ wird dabei in verächtlicher Bedeutung gebraucht). Die modernen Forschungsergebnisse zeigen jedoch, daß die Frühmenschen nicht nur die Fähigkeiten von Einfühlung, Werkzeugherstellung und Intelligenz in hohem Maße besaßen; sie sahen auch fast schon so aus wie wir heute. Nur die Rassenunterschiede (die verschiedenen Hautfarben usw.) gab es noch nicht. Sie bildeten sich erst vor ungefähr fünfzehntausend Jahren heraus.

Noch verkehrter ist es zu meinen, die ersten Menschen wären brutal gewesen, mörderisch und roh (wir sind es wahrscheinlich viel mehr!). Forscher weisen zum Beispiel darauf hin, daß bei Höhlenmalereien, die das Leben der vorgeschichtlichen Jäger schildern, keinerlei Kämpfe zwischen Menschen zu finden sind.

In diesem Buch versuche ich zu beschreiben, wie Kleiner-Weg und die Menschen damals ihre Umwelt erlebten: Das Mondgestirn ist ihre Älteste Schwester, die Zebras, das Gnu und der Wildhund sind zusammen mit dem Regen, der warmen Erde und dem Himmel ihnen anverwandt, fühlen, atmen und leben mit ihnen zwischen den Himmelsrändern. Tiere werden nicht zum Spaß gejagt, und der überwiegende Teil der Nahrung (60%–80%) ist pflanzlicher Herkunft.

Eine Familie wie bei uns existiert noch nicht. Die Menschen leben im *Klan*, der Sippe mit demselben Totemtier, zusammen. Kleiner-Weg kennt seine Mutter, seine Geschwister. Durch die Kraft der Erde oder des Mondes, so meint man zu dieser Zeit, wachsen die Kinder von selbst in dem Bauch der Mutter. Der Zusammenhang zwischen Zeugung und Geburt ist noch nicht klar. Ein Vater-Kind-Verhältnis gibt es also noch nicht.

Das Feuer, das rote Tier, ist noch nicht ganz gezähmt. Es ist noch nicht ständiger Begleiter des Menschen. Sein Gebrauch mußte sehr oft und jeweils wieder aufs neue entdeckt werden, bis der Mensch das Feuer ganz an sich gewöhnte. Ähnlich ist es auch mit anderen Fertigkeiten. Zum Beispiel mit dem kunstvollen Zurichten von Werkzeugen. Einzelne Bearbeitungstechniken müssen immer wieder neu erfunden werden, bis sie zum festen Besitz werden. Denn auch Schrift und Aufzeichnungen gibt es noch nicht. Nur die mündliche Überlieferung vermittelt zwischen den Generationen.

Die Zeit wird an der Länge des Schattens gemessen, größere Zeitstrecken zählt man nach dem Mond. Lange, sehr lange haben die Menschen so gelebt. Mehrere hunderttausend Jahre, den weitaus größten Teil unserer Geschichte! Kleiner-Weg half mir, diese Zeit wiederzuentdecken. Er, der Klan der Geierleute, Bor, die Menschen am See und das Mädchen Mond-auf-dem-Wasser sind mir dabei nah geworden wie Geschwister.

Inhalt